低碳真相与中国路径

LOW CARBON AND CHINA'S TRANSITION

易鹏◎著

ZHEJIANG UNIVERSITY PRESS
浙江大学出版社
·杭州·

图书在版编目（CIP）数据

低碳真相与中国路径 / 易鹏著. -- 杭州 : 浙江大学出版社, 2023.7

ISBN 978-7-308-23718-5

Ⅰ. ①低… Ⅱ. ①易… Ⅲ. ①低碳经济－能源经济－研究－中国 Ⅳ. ①F426.2

中国国家版本馆CIP数据核字(2023)第071820号

低碳真相与中国路径

易 鹏 著

策　　划　杭州蓝狮子文化创意有限公司
责任编辑　张　婷
责任校对　顾　翔
封面设计　仙境工作室
出版发行　浙江大学出版社
（杭州市天目山路148号　　邮政编码　310007）
（网址：http：//www.zjupress.com）
排　　版　杭州林智广告有限公司
印　　刷　杭州钱江彩色印务有限公司
开　　本　880mm×1230mm　1/32
印　　张　8.75
字　　数　187千
版 印 次　2023年7月第1版　2023年7月第1次印刷
书　　号　ISBN 978-7-308-23718-5
定　　价　58.00元

推荐序

再探"低碳"之路

中国工程院原副院长、中国工程院院士 杜祥琬

气候变化是全球共同面临的严峻挑战，绿色低碳发展是应对气候变化的必由之路，积极应对气候变化已经成为全球的共识，正在深刻影响全球的价值体系。绿色低碳转型是今后我国全部经济活动的内核，它将成为科研、投资、生产、消费和流通等决策的依据。

2020年9月22日，我国在第七十五届联合国大会上首次提出，力争于2030年前二氧化碳排放达到峰值，努力争取2060年前实现碳中和。从"低碳"到"双碳"是一场广泛而深刻的社会变革、经济变革，需要各行各业、各个地区，包括城乡居民共同参与，这将对我们的生产方式和生活方式带来巨大的改变。

"双碳"是我们国家的技术创新和发展转型的内在驱动，是经济社会高质量发展的内在要求，也是缩小我国和主要发达国家发展水平差距的重要机遇。实现碳达峰、碳中和目标的意义重大，

可以引领我国及时实施低碳转型。以低碳创新推动可持续发展，社会文明形态将逐步由工业文明进入生态文明。“双碳”目标也将倒逼产业结构调整，及时抑制发展高耗能高排放产业的冲动，推动战略性新兴产业、高技术产业、现代服务业进步，拉动巨量的绿色金融投资，带来新经济增长点和新就业机会，支撑高质量发展。

从国内来看，实现“双碳”目标，不是别人让我们做，而是我们自己必须做。这是我国实现高质量发展、可持续发展的内在要求。根据走向现代化的发展规律，我国一定要实现碳达峰；根据全人类的发展需要，我们一定要走向碳中和。从全球来看，应对气候变化是全人类共同面临的挑战和共同的事业，中国应与各国一道作出贡献。实现碳达峰、碳中和是一个复杂的系统工程，是长达几十年的科学转型过程，政策性很强。要保持积极而稳妥的态度，防止两种倾向，一种倾向是简单化，一刀切；另一种倾向是转型不力，走老路导致发展落后。

当前是我国经济社会加快恢复发展的关键时期，我国生态文明建设进入了以降碳为重点战略方向、推动减污降碳协同增效、促进经济社会发展全面绿色转型、实现生态环境质量改善由量变到质变的阶段，主动探索新的绿色低碳发展道路，将碳达峰、碳中和纳入生态文明建设整体布局，引领后疫情时代经济社会健康发展方向，具有重大现实意义。

易鹏先生2010年出版的《低碳真相》如今来看，很多观点仍不过时。十年来，我国绿色发展取得了历史性成就，“低碳生活”

和“低碳经济”已经成为全社会的共识。今后二三十年将是气候行动的关键时期，我们需要即刻行动，在全球经济、社会和生活等诸多方面进行人类历史上前所未有的转型。

该书此次再版，也是立足新发展阶段不断思考的成果。该书集背景、行动和建议于一体，以客观公正的立场讲述了气候变化问题的由来、影响和其间复杂的政治博弈，深入浅出地阐述了低碳与环保、低碳与能源、低碳与经济、低碳与中国这些概念、故事或策略发展的来龙去脉，对“低碳减排”“中国双碳发展”感兴趣的读者不应错过。

是为序。

目　录

下　篇
低碳，中国怎么办？

引子　红海之滨的埃及峰会

联合国气候变化框架公约第27次缔约方大会（Conference of the Parties 27，简称COP 27）于2022年11月6日至18日在埃及沙姆沙伊赫举办。埃及是阿拉伯国家联盟总部所在地、非洲联盟成员国，主办气候峰会是其大力推动绿色发展、吸引更多外资的绝好机会。埃及环境部部长亚丝明·福阿德代表埃及政府在联合国气候变化格拉斯哥会议上发言时强调，“COP 27”将是一次“真正的非洲会议”，埃及希望通过此次会议，能够在气候融资、气候适应以及气候损失和损害等方面优先取得进展。

在全球气候治理的脚步迈向COP 27之前，来自尼日利亚、肯尼亚、孟加拉国、哥伦比亚和菲律宾等国的一些民间组织、智库和研究机构组成的“气候转型行动2025联盟”（Allied for Climate Transformation By 2025，简称ACT 2025），在2022年5月对COP 27发出紧急呼吁。《增强实施行动呼吁》（*Call for Enhanced Implementation*）要求本次会议切实回应气候脆弱的发展中国家的需求，并详细列出了 5 项期望，分别对应 COP 27 必须取得实际进展的 5 个领域[①]：

• 缩小气候减缓[②]差距，将全球升温幅度控制在1.5摄氏度以内；

• 兑现提供高质量和大规模资金的承诺，特别是向最脆弱的地区和群体；

• 努力落实气候适应措施；

• 为气候损失和损害提供资金保障；

• 实施“巴黎协定规则手册”，监督各国和非国家行为体落实气候承诺。

自“绿色新政”概念提出后，世界各主要国家和集团一直在积极响应。早在2009年4月2日，伦敦G20领导人峰会就发表声明，明确承诺：“我们同意尽力用好财政刺激方案中的资金，使经济朝着有复原能力的、可持续的、绿色复苏的目标迈进。我们将推动向清洁、创新、资源有效和低碳技术与基础设施的方向转型。我们认识到并将共同努力采取措施建立可持续经济。”

绿色经济蕴藏着巨大的发展潜力与经济价值，是未来发展的必由之路。各国政府应积极推行“绿色新政”，实现经济的“绿色转身”。目前，很多国家纷纷把大力发展绿色经济作为应对经济下行、抢占未来发展制高点的重要战略举措。

---

① https://www.wri.org/insights/vulnerable-countries-un-climate-summit

② 气候减缓是指人类通过削减温室气体的排放源，或增加温室气体的吸收而对气候系统实施的干预。

美国：

2021年10月13日，美国内政部部长德布·哈兰德宣布，拜登政府正计划扩建美国沿海地区风力发电厂，从而扩大美国海上风电的产能，推进政府应对气候变化的计划，加速实现清洁能源经济的目标。她表示，特朗普在执政期间强烈反对并阻挠海上风电开发，导致其任期内没有任何商业海上风电项目获得联邦政府授权，这反过来抑制了对风电行业的投资；拜登政府则选择积极推进绿色新政，还承诺"让美国到2035年实现无碳发电，到2050年实现碳中和"，并且计划拿出两万亿美元，用于基础设施、清洁能源等重点领域的投资。

英国：

2020年11月18日，英国政府发布《绿色工业革命十点计划：更好地重建、支持绿色就业并加速实现净零排放》（*The Ten Point Plan for a Green Industrial Revolution: Building Back Better, Supporting Green Jobs, and Accelerating Our Path to Net Zero*），提出了涵盖清洁能源、交通、建筑、绿色金融与创新等十个走向净零排放的计划要点，并计划动员120亿英镑的政府投资，以创造并支持多达25万个绿色就业机会。

欧盟：

2019年12月，欧盟委员会发布《欧洲绿色协议》（*European Green Deal*），明确了欧盟要在2050年实现温室气体净零排放的碳中和目标，并提出要将欧洲打造成首个碳中和大洲。2020年3月，欧盟委员会公布《欧洲气候法》（*European Climate Law*），为欧盟的碳中和目标提供了坚实的法律支撑。随后，欧盟调整了阶段性的减排目标。2020 年 9 月。欧盟委员会将 2030 年温室气体减排量的目标从 40% 提高到 55%（基于 1990 年水平），并将这一目标写入《欧洲气候法》。2022 年 4 月，欧盟委员会进一步提出 2030 年要减少 60% 以上的温室气体排放量（基于 2005 年水平）。

为了实现 2050 年碳中和目标，欧盟在《欧洲绿色协议》提出能源、工业、交通、建筑、生物多样性等 7 项重点任务，包括：构建清洁、经济、安全的能源供应体系；推动工业企业清洁化、循环化改造；形成资源能源高效利用的建筑改造方式；加快建立可持续的智慧出行体系；建立公平、健康、环境友好的食物供应体系；保护并修复生态系统和生物多样性；实施无毒环境的零污染发展战略，包括实施空气、水和土壤零污染行动，开展可持续化学品管理等。

日本：

2020 年 10 月，日本首相菅义伟提出日本将在 2050 年实现碳中和目标。2020 年 12 月，日本经济产业省发布了《绿色增长战略》，确定了日本到 2050 年实现碳中和目标，构建"零碳社会"，以此来促进日本经济的持续复苏，预计到 2050 年，该战略每年将为日本创造近两万亿美元的经济增长。2021 年《绿色增长战略》更新为《2050 碳中和绿色增长战略》，提出通过调整预算、税收优惠、建立金融体系、进行监管改革、制定标准以及参与国际合作等措施，推动企业进行大胆投资和创新研发，实现产业结构和经济社会转型。

埃及：

根据埃及政府发布的《2035年综合可持续能源战略》，到2022年，埃及20%的电力供应将来自可再生能源，到2035年，这一比例将提高至42%。“以清洁能源为代表的绿色经济是埃及未来的发展方向。”埃及政府在2021年公布的预算中通过了691个绿色项目的资金扶持计划，占项目总数的30%，总成本约4473亿埃镑，并计划持续增加对绿色项目的投资。《金字塔报》撰文指出，埃及正在加速发展可再生能源，推进能源结构转型升级。埃及时任国际合作部部长拉尼娅·阿尔玛莎特表示，绿色增长是经济复苏的关键，有助于创造更具韧性的经济和更可持续的未来。

新冠疫情给我们敲响了警钟，这种病毒的产生最终与人类、与自然界有着千丝万缕的联系。进入21世纪后，由于人类无差别地破坏环境，动物栖息地减少，带有病毒的动物与人类经常接触，各类新型病毒的出现也越来越频繁。

新冠疫情将不可避免地改变世界格局。在后疫情时代，“绿色新政”已经逐步成为各国关心的核心课题。在这个特殊时期，如果可以成功地将这个难题转换成低碳经济结构，例如再生能源、能源效率、非开挖技术等，将会创造出各种经济形态和社会价值。

对于COP 27中埃及将如何发挥主场作用，以及后期如何巩固发展全球绿色政策，中国愿同各方携手努力，深化各领域务实合作，共同推动全球绿色低碳转型。

上篇

低碳为什么这么热？

2009年12月，哥本哈根世界气候变化大会在世界范围内又一次掀起了“低碳”浪潮，如“低碳”经济、“低碳”科技、“低碳”城市、“低碳”生活……“低碳”已成为“绿色”的重要标志之一。2022年11月7日，在百度上搜索“低碳”获得了超过7760万条结果，由此可见“低碳”（碳中和、碳达峰）的热度。

面对“低碳”的“高烧”，人们也许容易亢奋、迷糊，但更应该理智地认识到，虽然近几年来中国一直在倡导“低碳”，但“低碳生活”理念真要深入人心，还需要一个很漫长的过程。对“低碳”的本质内涵认识不清，就会造成各种似是而非的错误。于是，本书的上篇叙述的是“低碳热”产生的来龙去脉，还“低碳热”一个清晰、真实、理性的真相。本篇分四章，分别叙述低碳是如何被气候理论“吓”出来的、被环保主义“喊”出来的、被国际法“逼”出来的、被经济蛋糕“诱”出来的，以此来阐明“低碳热”是这几股力量共同作用的产物，是历史发展新阶段的必然产物。

第一章　气候理论“吓”出低碳热

“生于忧患而死于安乐也。”“低碳”之所以热火朝天，首先是因为人类的忧患意识，“低碳”来源于人们对于气候变化有可能形成的巨大破坏力的恐惧。多年前《后天》这部影片红极一时，它所体现的世界末日的景象让人不寒而栗。尽管人们知道，这一想象性的故事有夸大事实的成分，但是当人们回头看科学家列出的数据时，却不得不承认全球变暖是悬挂在人类头顶上的达摩克利斯之剑。

科学理论是解释和掌握世界规律最为客观有效的方式，全球变暖的气候理论为低碳热提供了理论支撑。于是这一关系到人类未来发展方向的“低碳”仿佛是给地球变暖开出的一剂灵丹妙药，很快成为精英人士竞相追捧的对象。于是，精英人士的呼吁、大众媒体的推波助澜，成为推动低碳热的一大动力。

《后天》的警示

“温室效应”导致冰盖崩裂，海洋环流被破坏，全球气候发生灾变：冰雹、飓风、海啸、暴风雪、持续的暴雨……飓风摧毁了城市，上升的海平面带来的巨浪卷入城市，淹没一切，崩裂的冰盖融入海洋，导致北大西洋暖流消失，温度像一只无形的手，用冰与霜，将大地瞬间冰封。这时，我们才发现人类的高科技和所谓发达的文明，在大自然的报复下显得那么不堪一击。这就是《后天》所描绘的人类地球的末日景象。

和众多灾难电影一样，《后天》的设定也是在自然灾害来临时，除了恐惧和逃命，人类别无他法。这部电影希望唤醒人们对于环境保护的关注，呼吁保护环境不是一个人的责任，也不是一个国家的责任，而是全世界的责任。

在漫漫历史长河中，人类经历了从对自然臣服崇拜到妄图以技术征服自然的转变。科技进步一方面让今天的我们不必像几千年前的祖先那样与猛兽对峙，有了更多规避自然风险的选择；但另一方面，也助长了许多人蔑视自然的狂妄，以为人类无所不能，肆无忌惮地向大自然索取。然而，灾难电影像一则“预言”，一遍遍告诫、警示着我们，当真正的自然灾难来临时，人类终将无能为力，落入疲于奔命的境地。

诚然，灾难电影的画面和艺术表现具有夸张成分，并不是今天的现实。但《后天》所呈现的全球气候变暖这一核心问题，却真实反映了人类将要面临的困境。当两极的冰川一点点缩小，当亚马孙雨林被持续蚕食，当美丽的岛屿被海水淹没，南极温度首破 20 摄氏度，东非蝗灾肆虐……我们还能够无动于衷吗？

其实，国际社会对于目前的气候与环境危机已经达成共识，2016 年，178 个国家签署了全球应对气候变化的《巴黎协定》。它的长期目标是将全球平均气温较前工业化时期的上升幅度控制在 2 摄氏度以内，并努力将温度上升幅度控制在 1.5 摄氏度以内。2020 年 9 月 22 日，习近平主席在第 75 届联合国大会上作出了我国力争于 2030 年前二氧化碳排放达到峰值，努力争取 2060 年前实现碳中和的承诺。气候变化是长期而不可逆的。为应对可能出现的气候变化，现在的我们应该用更多的行动来改善环境，优化我们的生产生活方式：在城市推广零碳建筑，对已有建筑进行减碳改造；在农村普及绿色种植，利用现代能源技术赋能，精准减排固碳；进一步发展新能源交通工具，减少废气排放；研究完善储能技术，更多利用太阳能、风能等清洁能源……

保护环境不是一天两天的事情，道阻且长。所有突然暴发的灾害都是一只没有退路的洪水猛兽，它只不过在用这种极端的方式告诉世界人类对自己的“虐待”和“压迫”，宣泄自己的不满。《后天》中那些惊险震撼的特效镜头，将灾害的破坏力、毁灭性与人情、人性的交织展现得淋漓尽致，极具感染力。

现实世界中，我们做不到像电影里那样死里逃生或是侥幸生还，疾病疫情、自然灾害，都能够轻易地将我们置于悬崖之境。灾难片的意义就在于此——启发我们警醒、反思，并开始行动。

黑格尔曾说过，人类从历史中学到的唯一的教训，就是没有从历史中吸取到任何教训。如果今天的我们不行动起来保护环境、改善气候条件，那么后天等待我们的将是，大自然最后的教训。

气候理论的溯源

有关地球变暖的理论并不是所有人都相信的。因为世界太大，各个地方的人们对于气候变化的感觉和期望是不一样的。在地球低纬度地区生活的人们希望地球不要变暖的时候，高纬度地区的人们却希望地球变暖来得更猛烈一些。受多种因素的影响，海平面的上升在各地的表现也不一样。

理论比现象更有说服力。透过现象看本质，就是要寻找科学规律，而科学规律的总结就是科学理论。

为了探索气候变化的本质，很多仁人志士和天才们踏上了艰苦卓绝的探索之路。这种探索是一个漫长的过程。有意思的是，关于气候变化本质的理论，其形成过程可谓“无心插柳柳成荫”。

这个过程，首先要从一代伟人拿破仑说起。

1798 年 6 月 22 日的深夜，法国埃及远征军的司令官拿破仑站在法国军舰“东方号”的后甲板上。此刻，地中海的海风温暖而柔和，就像他的故乡科西嘉，带着新鲜葡萄和橄榄油的味道。这次拿破仑要攻击的目标是地中海对岸的埃及——这个历史上赫赫有名的文明古国。拿破仑希望能够重现他的偶像亚历山大当年的辉煌，这也意味着要控制住当时法国最强大的对手英国与其最富裕的殖民地印度之间的联系通道。

为了实现这个雄伟的目标，拿破仑派出了 13 艘战列舰、329

艘运输船——装载着 38000 名法国最优秀的陆军官兵。尽管在这场远征埃及的战役中，拿破仑的海军不敌英国纳尔逊勋爵指挥的海军，全军覆没，但在征服埃及的陆地战争中，拿破仑的军队还是取得了巨大的胜利。拿破仑的天才之处在于他具有超越时代的眼光，在这支远征军的队伍中，拿破仑带上了一批法国科学院的院士和科学家。

拿破仑远征埃及的成果，带给科学界的远比带给法国政府的多。

在拿破仑带到埃及的法国科学家中，有一位名叫让·巴蒂斯特·约瑟夫·傅里叶（1768—1830 年），他是著名的数学家、物理学家和埃及学家。他最早使用定积分符号，改进符号法则及根数判别方法，是傅里叶级数（三角级数）的创始人。

1768 年 3 月 21 日，傅里叶出生于法国中部欧塞尔的一个裁缝家庭，8 岁成了孤儿，后来他就读于地方军校，1795 年任巴黎综合工科大学助教。1798 年，傅里叶随拿破仑军队远征埃及，成为拿破仑的得力助手。

傅里叶的埃及之行，既是其人生道路的重大转折，也给他带来了一辈子的痛苦。因为受到拿破仑器重，回法国后，随着拿破仑的得势，他被任命为法国格勒诺布尔省省长，成为一名名副其实的高官。但也是在埃及期间，傅里叶不幸患上了一种病，叫作黏液水肿——一种总是让人感觉非常寒冷的疾病。因此不管在什么天气情况下，他都必须穿上一件厚厚的大衣。在长期穿大衣的过程中，傅里叶天才的光芒开始闪现，他的研究改变了人类对大气层的认知。

傅里叶在1820年开始思考一个之前人类从来没有思考过的问题，那就是地球的热量是从哪里来的。在长期的思考研究之后，他得出了一个结论：尽管地球确实将大量的热量反射回太空，但大气层还是保留了其中的一部分，并将其重新反射回地球表面。他将此比作一个巨大的钟形容器，顶端由云和气体构成，能够保留足够的热量，使得生命的存在成为可能。为此，他写出了一篇名垂青史的论文，题目叫作《地球及其表层空间温度概述》。这篇论文发表于1824年，而在此之前，由于对热传导理论的巨大贡献，他于1817年当选为法兰西科学院院士，1822年成为科学院终身秘书。遗憾的是，傅里叶1824年发表的这篇论文，在当时并没有被看成他的最佳之作。这篇现在我们看来光芒万丈的论文，在发表的时候没有引起任何一点儿反应，几乎成为傅里叶一项自娱自乐的研究成果。

现在的科学研究已经充分证明了傅里叶的研究结论，地球之所以拥有适合人类生存的零上15摄氏度的地表平均温度，要充分感谢地球表面的大气层，感谢大气层中的温室气体。因为地球红外线在向太空辐射的过程中，被地球周围大气层中的某些气体或化合物吸收，这才最终导致地球表面温度普遍上升。所以这些气体的功用和温室玻璃有着异曲同工之妙——只允许太阳光进，而阻止其反射，进而实现保温、升温作用，因此它们被称为温室气体。其中既包括大气层中原来就有的水蒸气、二氧化碳、氮的各种氧化物，也包括近几十年人类活动产生的氯氟甲烷、氢氟化物、全氟化物、硫氟化物等。种类不同，吸热能力也不同，每分子甲烷的吸热量是二氧化碳的 21 倍，氮氧化合物更高，是二氧化碳的 270 倍。不过它们和人造的某些温室气体相比就不算什么了，目前为止，吸热能力最强的是氯氟甲烷和全氟化物。

人类历史的转折点，常常源于伟大人物和天才们瞬间迸发的灵感。很多人都曾像牛顿一样躺在苹果树下休息，但他们只看到了苹果掉下来，而牛顿却在思考为什么苹果不能飞上去，进而得出了万有引力定律，为人类的科学史翻开了具有里程碑意义的新篇章。同样，对于地球为何能够有热量存在这一问题的回答，也来源于傅里叶天才般的灵感迸发。他的这一发现，直接开启了人类关于气候变化的系列理论的建立，也构筑出了如今最热的低碳概念的理论基础。

在傅里叶逝世 29 年后的 1859 年 6 月 10 日，也就是查尔斯·达尔文的著作《物种起源》问世 6 个月前，物理学家约翰·廷德尔在伦敦皇家学会进行了一系列不同寻常的实验演示。演示会由阿尔贝亲王亲自主持。即便如此，无论是阿尔贝亲王、廷德尔，还是台下那些受人景仰的听众，都无法预料到 150 年后这次实验的结果将在多大程度上影响世界。廷德尔在实验室里测试了傅里叶提出的理论。他证明热能辐射（即今天我们所称的长波辐射）的确可以被某些气体所吸收，二氧化碳就可以起到这种作用。1859 年，廷德尔用优美凝练的语言对温室效应进行了描述：“大气吸收了入射的太阳热量，但却阻止了这些热量的散失，其结果造成了热量在地表逐渐聚积。”也因为廷德尔这个实验，现在世界上有了一个对气候变化研究颇有影响的英国廷德尔气候变化研究中心。看来，人只要做对了事情、选对了方向，总会被历史记住的。

真正让傅里叶的心血发扬光大的还是一位比廷德尔影响更大的天才。他就是瑞典物理化学家阿伦尼乌斯。每一位化学爱好者都应该知道这一等式：$k=Ae^{-E_a/(RT)}$。它描述了化学反应速率（k）与温度（T）以及反应活化能 E_a 之间的关系。这个方程式就以他的名字命名为阿伦尼乌斯方程式。

与同时代众多的科学大师一样，阿伦尼乌斯从小就表现出了卓越的天赋。3 岁起，在没有父母引导的情况下，阿伦尼乌斯开始了自学。8 岁的时候，他直接进入了当地的教会学校，从五年级开始读书，并在数学和物理方面展现出超人的天赋。后来他进入了乌普萨拉大学，从事化学方面的学习和研究。1884 年，阿伦尼乌斯向学校提交了长达 150 页的博士论文，但遗憾的是，教授们并没有给出太高的评价，这篇论文只获得了 D，在他的努力抗议之下才被重新评定为 C。颇具讽刺意味的是，他在这篇论文的基础上进行了进一步研究，并于 1887 年提出了关于电解质在水溶液中部分离解成完全自由的离子的阿伦尼乌斯理论。这个理论是物理化学发展初期的重要发现，为此，他获得了 1903 年的诺贝尔化学奖，而同年的诺贝尔物理奖得主则是大名鼎鼎的居里夫人。

生活在瑞典这个冰雪世界中的阿伦尼乌斯，一直非常渴望能够看到更多的阳光，沐浴在温暖中。在读过傅里叶的论文后，阿伦尼乌斯很有触动，在 1896 年率先提出了温室效应学说。阿伦尼乌斯提出了由于人类使用化石燃料，向大气排放二氧化碳，将使地球表面温度不断升高的观点，并给出了二氧化碳排放与大气温度之间的定量关系：如果二氧化碳的数量以几何级数增加，那么大气温度将以算术级数增长。他研究出了第一个用以计算二氧化碳对地球表面温度影响的理论模型，并得出结论：如果大气层中的二氧化碳含量减少约 40%，地球表面温度就会下降 4 ~ 5 摄氏度，并可引发一个新的冰川期。同理，大气层中的二氧化碳含量翻番的话，地球表面温度就会上升 5 ~ 6 摄氏度。

他还估计，大概需要 3000 年的时间来燃烧矿物燃料，才能使大气层中的二氧化碳含量翻番。那时小冰川期大概已近尾声，对于一个习惯了当时斯堪的纳维亚半岛寒冷冬天的人而言，天气逐渐变暖似乎是一个令人振奋的前景，完全没有现在人类对地球变暖的担忧。

1908 年，阿伦尼乌斯在著作《形成中的世界》中进一步指出：由于工业的迅速发展，大气中二氧化碳的比重在未来几个世纪中会增加到令人瞩目的程度。将人类的活动与大气温度联系到一起是一个天才的发现，但即使是天才，阿伦尼乌斯也只算到当时的二氧化碳与温度变化的关系，只设想到需要 3000 年的时间来燃烧矿物燃料，才能使大气中二氧化碳的含量翻番。

阿伦尼乌斯或许没有想到，历史的变化会如此迅猛，人类的发展会如此快速。阿伦尼乌斯于 1927 年逝世，半个多世纪之后，他的一个科学主张竟然会意外地成为一场旷日持久的气候之争的焦点，并进一步引发了一场声势浩大的低碳革命。

在阿伦尼乌斯发表其计算结果的几年后，得克萨斯州的斯平德托普油田突现于世，之后俄克拉何马州也发现了其他储量丰富的油田。亨利·福特的T型汽车取代马匹的速度比任何人预想的都要快得多，而爱迪生发明的电灯也推动了人类社会对电力生产的需求。矿物燃料燃烧量增加的速度远远超过了阿伦尼乌斯的预测，人类排放到大气中的二氧化碳急速增加。

民众沉醉在工业革命取得的伟大建设成就中，没有人再去研究阿伦尼乌斯的研究成果，也没有人关心二氧化碳排放是否会引起地球气候的变化。

但英国的蒸汽工程师乔治·卡伦德除外。他于1938年发表了一篇文章，题目为《人为生成的二氧化碳及其对气温的影响》。卡伦德根据1880至1934年间从世界各地200个气象站收集来的数据，计算出当时地球的气温已经升高了0.55摄氏度。他预计，由于二氧化碳不断被排放到大气层，21世纪地球的表面温度将会上升1.1摄氏度。

作为蒸汽工程师，卡伦德在物理学和动力学方面受过良好的职业训练，在没有自动化计算的当年，身为业余气候学家的卡伦德能够从全球范围内的大量天气数据中发现规律，也体现了一名工程师出色的分析和归纳能力。

但在那个时候，世界气候学界论资排辈的现象很严重。那些“正宗的”气候学家们，看不起非科班出身的卡伦德，认为他不过是在自娱自乐。因此，卡伦德的研究一直没能得到主流气候学界的认可。历史依旧保持着公正，后来的主流气候学界将人类活动产生的二氧化碳对气候变化的影响定义为“卡伦德效应”。这意味着卡伦德的贡献最终得到了科学和历史的认可。

1944 年，人类活动对气候变化影响的研究正式离开傅里叶、阿伦尼乌斯这种天才式的玩票性质，正式告别卡伦德这样的草根研究阶段，进入主流科学家的视野。当时，英国著名的气候学家戈登·曼利注意到了卡伦德研究工作的价值，不过那时的主流科学家们似乎太在意卡伦德低微的科学出身了，没有多少人真正重视一位业余爱好者的研究结论。直到 1954 年，美国一名 26 岁的年轻学者查尔斯·基林虚心请教了卡伦德，在其工作的基础上正式开始了对温室效应的研究。

在基林开始研究温室效应问题的时候，科学界已经从理论上认识到，大气中二氧化碳的含量会因为煤、石油等化石燃料的燃烧而出现全球尺度的变化。但对于由人类活动增加的二氧化碳，到底是会累积在地球大气中，还是被海洋和陆地植被所吸收，则没有任何认识。基林的研究正好破解了这个核心问题。

1928 年 4 月 20 日出生于美国宾夕法尼亚州的基林，按照现在的标准，绝对是个好青年。他谦虚，所以能够不顾自己的专业出身，低下头向卡伦德请教。1948 年，他在伊利诺伊大学获得化学和同位素地球化学专业学士学位。1954 年他在美国西北大学获得博士学位后，来到加州技术研究所做博士后。在开展地球化学方面的研究时，基林开始对观测大气中二氧化碳的含量问题感兴趣。

基林是被时任加州大学斯克里普斯海洋学研究所主任的罗杰·雷维尔钦点招进这个研究所的。斯克里普斯海洋学研究所是世界上在海洋学研究方面最好的研究所之一，而雷维尔则是 1957 至 1958 年国际地球物理年（Intemational Geophysical Coperation，简称 IGY，是世界各国同时对地球物理现象进行联合观测的一次活动）的创立者之一。

出于对基林的欣赏，雷维尔在国际地球物理年中特意资助基林在夏威夷的冒纳罗亚火山上建立了一个气象观测基地。基林从 1958 年开始，在这个基地上用自己发明的设备收集二氧化碳样本，并取得了一系列成果。1961 年，他提出了著名的“基林曲线”（见图 1–1），这一曲线清楚地表明：大气中二氧化碳的含量一直在稳定地增长。基林所收集的数据创造了世界上对大气中二氧化碳含量水平连续观测时间最长的纪录，这项工作为全球气候变化的研究打下了可靠的基础。

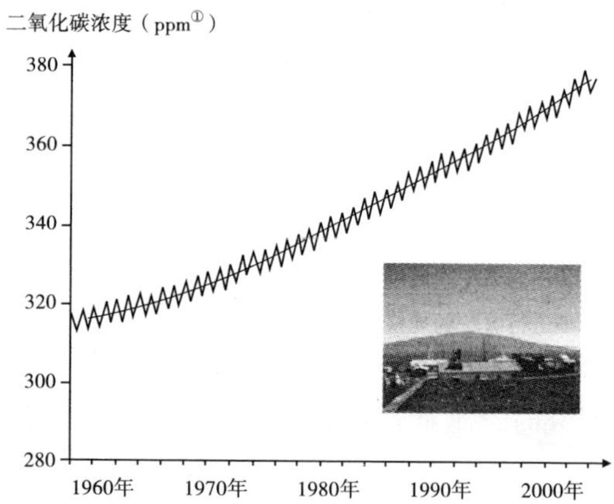

图1–1　著名的基林曲线（图中照片为冒纳罗亚火山气象观测基地）

① ppm：一百万体积的空气中所含污染物的体积数。——编者注

加州大学斯克里普斯海洋学研究所所长查尔斯·肯内尔甚至认为，科学史上有三次科学观测产生了重大影响：第谷·布拉赫的行星观测为牛顿发现重力理论打下基础；阿尔伯特·迈克尔逊关于光速的观测让爱因斯坦创造了相对论；而基林对大气中二氧化碳的观测则引发了今天对气候变化问题的深刻反思。

基林因此获得了诸多殊荣。2002 年，74 岁的基林获得了美国总统乔治·布什颁发的国家科学奖，这是美国科学界的最高荣誉之一。

有了基林的研究做基础，在接下来的 20 年里，针对全球气候变暖的分析迅速增加。在 1975 年的《科学》杂志上，哥伦比亚大学的华莱士·E. 布勒克尔预测，在下个十年间，全球气候变暖的趋势将会大幅增长。两年后，美国国家科学院发表了一篇题为《能源与气候》的报告。报告称，对于可能存在的全球气候变暖问题，我们既不应当恐慌，也不应当无动于衷，而是要加强这方面的研究。

同年，威廉·凯洛格和玛格丽特·米德发表了《大气：已经并正处在危险中》一文。作者在文中要求制定一部“空气法”，以使各个国家都同意将其二氧化碳的排放量减少至某个共同商定的标准。这可以说是后来举世闻名的《京都议定书》的基础。

随着 20 世纪 70 年代的过去及 80 年代的到来，老天爷似乎一心要应验人们的预测似的，中纬度冰川退缩的速度从每年 30 米增加到了每年 40 米。1979 至 1994 年间，阿拉斯加寒冷的北坡布鲁克斯岭脚下，图利克湖的水温上升了 5.4 摄氏度。北极的冰盖萎缩了6%，雪线也在持续升高，有关大气层的计算机模型预测结果所显示的变暖程度更甚。

历史转折点出现在1988年。在很多中国人的记忆里，那一年属于精彩的汉城奥运会。但在应对气候变化的历史上，这一年全球气候变暖的警钟敲响了。这是有史以来最热的一年，超过了20世纪80年代曾创下短暂高温纪录的另外3个年头，69个美国城市，还有莫斯科，分别创下单日高温纪录。在洛杉矶，温度计的水银柱指向了43摄氏度，一天之内有400个变压器爆炸。而美国中西部则遭受了自20世纪30年代"黑风暴"事件以来最严重的旱灾，黄石国家公园几乎快要燃烧起来了。

在这一年，詹姆斯·汉森——美国国家航空航天局戈达德太空研究所主任，在美国参议院能源和自然资源委员会上作证时说："温室效应的存在业已查明，此时它正改变着我们的气候。"他相信当时的高温表明确有天气变暖的趋势，而不仅仅是自然变化。他补充说："我们正在以不正当的手段破坏气候。"可以说，由汉森这样的专家在美国参议院所作的这番陈词，标志着人类阻止全球气候变暖的行动真正开始了。

在无数媒体的聚光灯下，这场作证让汉森戴上了应对气候变化问题的意见领袖的帽子。从此，这位意见领袖成为最激进的低碳主义者。在他的眼里，后来宣布退出《京都议定书》的美国总统小布什几乎是世界上最邪恶的人。

就在这个酷热的夏季，联合国环境规划署与世界气象组织一同在多伦多召开会议，决定成立政府间气候变化专门委员会

（Intergorvernmental Panel on Climate Change，简称 IPCC）。这标志着对地球变暖的研究从以前单枪匹马的个人行为，转变成一种集中全世界顶尖科学家的集体研究。政府间气候变化专门委员会汇集了全球的科学家，对气候变化的科研成果进行评估，为政治决策提供科学基础。至此，科学研究进入政治层面，评估范围逐步扩展，气候分析日渐深入，为各国气候谈判的演进提供了科学基础。

参与政府间气候变化专门委员会的科学家有数千名之多，为此，委员会制定了非常规范的管理办法，设立了严格的组织机构。政府间气候变化专门委员会是一个政府间机构，它向联合国环境规划署和世界气象组织的所有成员国开放。在大约每年一次的委员会全会上，与会者就它的结构、原则、程序和工作计划作出决定，并选举主席和主席团。政府间气候变化专门委员会设有三个工作组：第一工作组评估气候系统和气候变化的科学问题；第二工作组的工作针对气候变化导致社会经济和自然系统的脆弱性、气候变化的正负两方面后果及其适应方案；第三工作组评估限制温室气体排放和减缓气候变化的方案。除此之外，政府间气候变化专门委员会还设立了一个国家温室气体清单专题组。每个工作组（专题组）设两名联合主席，分别来自发展中国家和发达国家，其下设一个技术支持组。

政府间气候变化专门委员会本身并不从事科学研究，但会对全世界每年数千篇已出版并已通过细审的气候变化文献进行评估，每 5 年左右归结成评估报告发布。每份报告都凝结了数千名科学家的研究成果。截至 2021 年，政府间气候变化专门委员会总共发布了 5 份评估报告。这 5 份评估报告，就成为政府间气候变化专门委员会登上世界舞台最具杀伤力的武器。每次使用这一武器，都会引起全球的巨大轰动。

1990 年，政府间气候变化专门委员会第一次评估报告确认了针对有关气候变化问题的科学基础。报告序篇《决策者摘要》一文，第一次将“人类活动导致全球气候变暖”作为主流理论提出。这标志着，人类关于地球变暖的主流理论最终建立。它促使联合国大会作出制定《联合国气候变化框架公约》（United Nations Framework Convention on Climate Change，简称 UNFCCC）的决定，该公约于 1994 年 3 月生效。

1995 年发布的第二次评估报告证实了第一次报告的结论，并进一步指出，人类活动对全球气候变化具有可辨识的影响。

2001 年发布的第三次评估报告进一步证实了气候变化不可避免，指出近 50 年全球气候变暖主要是由人类活动中大量排放的二氧化碳、甲烷、氧化亚氮等温室气体的增温效应造成的，并将气候变化与可持续发展联系起来。第二次和第三次评估报告，为 1997 年《京都议定书》通过以及 2005 年《京都议定书》生效铺平了道路。理论开始体现出指导实践的价值。

在政府间气候变化专门委员会发布的第三次评估报告中，诞生了一条和“基林曲线”具有同样影响力的曲线。美国宾夕法尼亚州立大学年轻的气候学家迈克尔·曼绘制的新的温度分布图荣登报告首页的重要位置，这就是著名的“曲棍球棒”图表。迈克尔·曼等根据全球仪器测量记录及从冰芯、石笋、珊瑚、树木年轮等自然资料中获得的历史气候数据，建立了近千年来的北半球温度序列。迈克尔·曼强调，近千年来北半球温度处于缓慢下降的过程中，直至20世纪才突然上升，并把这条曲线形象地比喻为“曲棍球棒”。其中心思想是，20世纪地球变暖是近千年来前所未有的，所以20世纪地球变暖是人类活动影响造成的，也就是温室效应加剧的结果。

2007年2月，政府间气候变化专门委员会发布的第四次评估报告指出，气候变化发生的程度比之前估计的要高，其负面影响比之前估计的还要严重，近50年全球气候变暖超过90%的可能性是由人类活动（尤其是化石燃料的使用）引起，气候变化“极有可能”是人为因素引起的。如果说此前气候变化与人为因素之间的关系及其影响在科学上还存在不确定性，最新的评估报告则消除了这种不确定性，这表明全球科学层面，大多数科学家对人类活动对气候变化的负面影响已达成共识。

这份报告提到，如果想要逆转气候灾难，需要将大气中的温室气体浓度稳定在450 ~ 550ppm二氧化碳当量。这就要求到2050年，全球温室气体的排放量在现在的基础上削减25%，甚至更多。

至此，从1824年到2007年，人类用长达183年的时间，总算在主流的科学界建立了一套基于地球变暖问题的科学理论。

2014年11月，政府间气候变化专门委员会发布的第五次评估报告指出：人类对气候系统的影响是明确的，而且这种影响在不断增强，在世界各个大洲都已观测到。此外，报告更为肯定地指出一项事实，即温室气体排放以及其他人为驱动因子已成为自20世纪中期以来气候变暖的主要原因。

第五次报告的《综合报告》明确证实，鉴于最不发达国家和脆弱群体的应对能力有限，很多风险会给其带来特定的挑战。在社会、经济、文化、制度或其他方面被边缘化的人们尤其容易受到气候变化的影响。当前有多种减缓途径可帮助人类在未来几十年实现大幅减排，大幅减排是将升温限制至2摄氏度所必需的，现在实现这一目标的机会大于66%。然而，如果将额外的减缓拖延至2030年，到21世纪末要限制升温相对于工业化前水平低于2摄氏度，将给予其相关的技术、经济、社会和体制带来更大的挑战。虽然对减缓的成本估算各不相同，但全球经济增长不会受到很大的影响。在正常情境中，21世纪的消费（可体现经济增长）每年增长率为1.6%至3%。大刀阔斧的减排也只会将其降低约0.06%。

2021年8月，政府间气候变化专门委员会发布第六次评估报告第一工作组的报告《2021气候变化：自然科学基础》。第六次评估报告的重要组成部分包括三个：第一工作组的主题是气候变化的自然科学基础，就是现在发布的这个报告的主题；第二工作组研究气候变化的影响、适应性和脆弱性；第三工作组研究减缓气候变化的方案。

第六次评估报告的第一工作组报告的主要亮点体现在以下三个方面。

报告基于改进的观测数据集，对历史变暖进行了评估，并且在科学理解气候系统对人类活动造成的温室气体排放响应方面取得了进展。报告指出，目前全球地表平均温度较工业化前高出约1摄氏度，人类活动的影响已造成大气、海洋和陆地变暖。1750年左右以来，温室气体浓度的增加主要是由人类活动造成的。

报告从物理科学的角度，指出将人为引起的全球变暖限制在特定水平需要限制二氧化碳的累积排放量，同时还要控制其他温室气体排放。报告指出，在考虑所有排放情境的情况下，至少到21世纪中叶，全球地表温度将继续升高。稳定气候需要大力、快速和持续地减少温室气体排放。除非在未来几十年内大幅减少二氧化碳和其他温室气体排放，否则21世纪升温幅度将超过1.5摄氏度甚至2摄氏度。

与以往评估报告相比，此次报告中有关区域气候变化信息的内容更加丰富，增加了区域气候变化评估有关内容，加强了与其他工作组之间的衔接和一致性。报告指出，每个地区都面临着越来越多的变化，在未来几十年里，所有地区的气候变化都将加剧。极端高温和降水事件将越来越频繁。气候变化正在影响降雨分布，在高纬度地区，降水可能增加，而在亚热带的大部分地区降水则可能减少。沿海地区海平面将持续上升，导致沿海低洼地区发生更频繁和更严重的洪水，并将导致海岸受到侵蚀。进一步的气候变暖将加剧多年冻土的融化、季节性积雪的损失、冰川和冰盖的融化、夏季北极海冰的损失等。报告首次对复合型事件进行分析，指出人类的影响可能增加了复合极端天气事件发生的概率。

第六次评估报告第二工作组报告关注气候变化的影响、适应性和脆弱性，较为全面地归纳和总结了第五次评估报告（Assessment Report 5，简称 AR5）发布以来的最新科学进展，阐述了当前和未来气候变化影响和风险、适应措施、气候韧性发展等内容，揭示了气候、生态系统和生物多样性以及人类社会之间的相互依存关系，特别关注陆地、海洋、沿海和淡水生态系统，城市、农村和基础设施，以及工业和社会系统转型的重要性和紧迫性。

报告强调，人为导致的气候变化正给自然界造成危险而广泛的破坏，影响着全球数十亿人的生活，随着全球气温升幅走向 1.5 摄氏度，今后 20 年全球会面临不可避免的多重气候危害，最不具备应对能力的人群和生态系统受到的打击最为严重。报告观测到了人与气候的相互关系，人类引起的气候变化，包括强度和频次增加的极端气候事件，已经对自然和人类社会造成了广泛的不利影响和损失，且超出了自然的变化阈值。由于超出了自然系统和人类社会的适应能力上限，不断恶化的极端天气和气候事件已经造成了一些不可逆转的影响。报告称，当前全球有 33 亿 ~ 36 亿人生活在气候脆弱性很高的地区。

从 2021 年开始的 20 年内，如果全球升温达到 1.5 摄氏度，将导致多种气候灾害的风险不可避免地增加，并对生态系统和人类社会带来多重风险；如果能够采取行动，在近期将全球升温控制在 1.5 摄氏度之内，虽然无法完全消除损失，但仍可以大幅降低人类社会和生态系统预计遭受的气候变化相关损失和损害。

2040 年之后的 60 年，取决于全球变暖的水平，气候变化将给自然和人类社会带来诸多风险。报告称，对于已经识别的 127 项关键风险而言，气候变化带来的中长期影响预计比目前观测到的高出数倍。气候变化的规模、速度及其风险，则在很大程度上取决于近期气候变化态势的减缓和人类的行动力度。

报告还透露，气候变化的影响和风险正变得愈发复杂且难以管理。多种气候灾害将同时发生，多种气候与非气候风险将相互影响，形成复合风险，并造成不同行业和区域之间风险的叠加，部分气候变化应对措施还可能导致新的影响和风险。

第六次评估报告第三工作组报告指出，自 2010 年以来，太阳能和风能以及电池的成本持续下降，降幅高达 85%。越来越多的政策和法律出台，提高了能源效率，降低了森林砍伐率，加速了可再生能源的使用。报告认为，要限制全球变暖，就需要能源部门进行重大转型。这将涉及大幅减少化石燃料的使用、广泛推广电气化、提高能源效率，以及使用替代燃料（如氢气）。落实正确的政策、基础设施和技术，改变我们的生活方式和行为，到 2050 年可以使温室气体排放量减少 40% ~ 70%。

同时报告表示，将升温限制在 1.5 摄氏度左右需要全球温室气体排放最迟在 2025 年前达到峰值，并在 2030 年前减少 43%；与此同时，甲烷也需要减少约 1/3。当二氧化碳排放达到净零时，全球温度将达到稳定。该评估表明，要将升温限制在 2 摄氏度左右仍需要全球温室气体排放最迟在 2025 年前达到峰值，并在 2030 年前减少 1/4。

这份报告提供了对气候变化减缓进展和承诺的最新全球评估，审查了全球排放源，并解释了减排和减缓活动的发展，评估了国家气候承诺对长期排放目标的影响。从第一次全球气候变化科学评估报告到第六次全球气候变化科学评估报告，经过30多年来的研究，政府间气候变化专门委员会为国际社会认识气候变化问题、推进气候变化治理制度建设提供了科学基础，为应对和减缓气候变化提供了科学依据。

精英的引领

现象让人触目惊心，理论更是振聋发聩。然而真正让气候理论普及到全世界，成为全球关注的热点还得益于一股强大的力量。这股力量是由媒体和各路精英们引领起来的，使得“地球变暖”迅速成为全球热议的话题之一。

第一位精英人士是美国前副总统艾伯特·戈尔。他参与制作的有关气候变迁的纪录片《难以忽视的真相》于2006年在全球上映。该片由戴维斯·古根海姆执导，戈尔主演。公映后，由于戈尔政治家的特殊身份，这部影片立刻吸引了人们的目光，引发了巨大的轰动并获得第79届奥斯卡金像奖最佳纪录片。《难以忽视的真相》也是一本由戈尔编写的书，这本书曾在2006年7月2日和8月13日成为《纽约时报》的销售排行榜第一名，并在数个月后再次登上冠军之位。

戈尔之所以如此热衷于推动对气候变化的关注，源于其学习哈佛大学的课程时，就开始对全球暖化产生了兴趣。这个课程由罗杰·雷维尔——第一个测量大气中二氧化碳含量的科学家——主持，也是他提携了基林。

不久之后，戈尔进入美国国会，开始成为第一位关注全球暖化问题的议员，还邀请了一些气候学家到国会向政治人物阐述这个议题。他认为只要国会议员们了解了具有说服力的证据，他们就会立刻展开应对行动，但最终的行动过程却相当缓慢。戈尔于1992年推出《濒危的地球》一书探讨各种环境议题，这本书也登上了《纽约时报》畅销书排行榜。

在担任副总统期间，为了促进减少使用化石燃料和降低温室气体的排放，戈尔推动征收碳税，并在1993年进行了部分实施。他也负责协调《京都议定书》的签订。这是一份为了控制温室气体排放而制定的国际协议书。但最后因为参议院的反对，这份协议在美国并没有被接受。戈尔帮助建造名为“崔雅娜”的人造卫星，这颗观测卫星能提升环境问题的预防与警戒水平，并且首次直接测量地球反射太阳光的程度。戈尔在2000年竞选美国总统时表示，当选后他将致力于推动《京都议定书》的签订。

在2000年竞选总统失败后，戈尔继续关注全球暖化议题。尽管戈尔最终没有当上美国总统，但由于这些年他在全球气候变化问题上所作的杰出贡献，其全球影响力甚至超过了当时的美国总统。2007年，因为其在宣传地球变暖问题上的杰出贡献，戈尔获得了诺贝尔和平奖。这份奖对他而言，可谓实至名归。因为有了他的存在和推动，全世界对地球变暖问题的认知上升到了一个新的高度。

第二位精英人士是联合国政府间气候变化专门委员会前主席拉金德拉·帕乔里博士。他领导着政府间气候变化专门委员会里4000多位科学家，在2007年与戈尔一道获得诺贝尔和平奖。两股围绕气候变化的推动力量共同荣获诺贝尔和平奖，这既是对他们工作的肯定，也是通过诺贝尔奖这个平台，让全世界再次加深对地球变暖问题的认知。

帕乔里建议人们减少肉类食品的消费，以帮助应对全球变暖。帕乔里是一名来自印度的素食主义者。他在接受英国《观察家》报的采访时说，人们应该从每周少吃一天肉开始，然后再进一步削减食肉量。他还说，为人类消费而饲养的肉牛和其他动物会产生巨大的温室气体，破坏人类生存环境。帕乔里认为，由于气候变化问题严峻、时间紧迫，少吃肉能为减缓全球气候变化带来“一个最有吸引力的机遇”。

这位来自印度的科学家，发表了少吃肉可以减缓地球变暖趋势的言论，引起了轩然大波。为了响应他的号召，美国辛辛那提市的环保部门制订的气候保护行动计划中决定将减少肉制品生产作为遏阻气候变化的重点工作。这样的举动，肯定会让全世界的养殖业不寒而栗。但不管如何，影响是摆在这里了。

第三位有影响力的精英人士是尼古拉斯·斯特恩。他是世界银行前首席经济学家，也就是中国经济学家林毅夫的前任。2006年10月30日，英国政府发布了由斯特恩撰写的《斯特恩回顾：气候变化的经济内涵》，引起全球广泛关注。

斯特恩是从自己的经济学专业来分析气候变化问题的。他对气候变化的经济影响、采取行动以减少温室气体排放的成本和收益进行了分析。其最大价值在于，将经济层面的思考和预测引入气候变化的科学和政治决策当中。

斯特恩的报告指出，为了避免将来气候变化给全球国内生产总值带来 5% ~ 20% 的损失而现在就开始行动，就只需要花费全球国内生产总值 1% 的成本。斯特恩在报告中呼吁，气候变化的原因及后果都是全球性的，只有采取国际性的集体行动，才能在规模上作出有实效的和公平的回应。这就要求各国在多个领域进行更有深度的国际合作。报告最后以非常简单而又肯定的结论收尾：需要采取有力、紧急的集体行动，如果耽误则代价高昂，并且十分危险。他的这份报告给全球加大投入、干预地球继续变暖，提供了一本经济账。

戈尔用其巨大的号召力，从道德层面对地球变暖予以宣传；帕乔里发挥集体的智慧，从科学层面对地球变暖予以肯定；斯特恩用其专业的水准，从经济层面对地球变暖予以计算。这样一来，人类活动造成地球变暖的理论，最终成为主流理论。对于地球变暖需要立即行动起来，就成为一件非常有“道德价值”的事情。对于加大对控制地球变暖的投入，就成为一件很划算的“买卖”。

这些精英人士用其独特的号召力和智慧，结合媒体互动，使地球变暖的理论得以进一步深入人心。

结　语

低碳热的产生过程中，精英人士的引领作用是不可忽视的，他们通过媒体不断鼓吹和放大着科学家们有关人类活动导致全球变暖的科学理论，使得人们进入一个媒体议程设置逐渐强化的循环圈，感受到低碳时代“山雨欲来风满楼”的盛况。

卡尔·马克思说，理论一经群众接受，就能够产生出改造社会的巨大能量。然而仅仅依靠精英阶层的摇旗呐喊，是不足以让低碳在大众中产生巨大反响的，任何空洞的、缺乏大众参与性的口号都会因为曲高和寡而自断前程。低碳之所以如同一股清泉一样长流不休，是因为它与世界环境保护主义运动合二为一了。

下一章将揭晓环保运动诞生、发展、兴起的过程，剖析低碳热与环保主义千丝万缕的内在联系，以及环保运动是如何推动低碳概念广泛传播的。

第二章　环保主义“喊”出低碳热

环保主义目前在世界范围内已经拥有了巨大的影响力。回溯环保主义的发展历程，我们会发现，它与1968年的欧洲学生运动、欧洲的污染事故以及蕾切尔·卡逊所著《寂静的春天》一书的文化传播有着不可分割的内在联系。

1968年的欧洲学生运动为后来的环境保护运动打下了社会基础，培养了一批主要的领导和干部。而随着环保主义运动的发展，各种环保非政府组织蓬勃发展，推动着“绿色政治运动”的兴起，环境保护运动组织纷纷组成绿党参加欧洲各国的地方竞选，成为1980年以来欧洲政治版图中最为活跃的新兴政治力量，改变了欧洲的政治格局。在政治力量的推动下，环保主义逐渐成为政治正确的价值观，在这种价值观长期以来的呼吁中，低碳热应运而生。

1968年欧洲学生运动

环保主义的兴起和1968年的欧洲学生运动有着很大的关联。

1968年的欧洲学生运动发源于法国。当时夏尔·戴高乐执政的法国，经济进入了空前的繁荣期。但经济增长并未惠及所有的法国人，深层次的社会矛盾在不断积累。

此时法国大学校园里有50多万大学生，大都是二战后出生的年轻人。他们从来没有经历过父辈们的苦难，在幸福的花园里长大，物质条件充裕，充满叛逆精神，在传统与现代、保守与开放之间，这一代人与上一代人的观念可谓针锋相对。

1967年春天，巴黎大学的农泰尔学院开始流传宿舍革命、男女学生自由交合的消息。为了限制大学生们过分的交往，农泰尔学院制定规定，不允许男生进入女生楼群，双方的冲突就这样产生了。1967年3月，一群农泰尔学院的大学生占领了大学生宿舍区里的女生楼，以抗议禁止男生进入女生楼群的内部规定。他们在校园里要求政治自由，在大学城要求性自由。

冲突至此并未停止，1968年1月8日，法国青年与体育部部长弗朗索瓦·米索夫参加农泰尔学院游泳池的落成仪式。这位部长此前刚刚因为编写了一本《青年白皮书》，惹恼了农泰尔学院里这些不安分的年轻人。

就在这位部长站在大学生们面前演讲的时候，后来成为“五月风暴”学生运动领袖之一的科恩·本迪特质问米索夫：“我看了您的《青年白皮书》，书里压根没有谈到青年的性问题。”这位部长也直接回答说：“如果你有这方面的问题，只要跳进游泳池就能得到发泄。”这样一个回答马上被大学生们称作是“法西斯式”的回答，更加激起了大学生们的愤怒与不满。

二战后左翼思想成为法国哲学界和思想界的主流，大学生深受这些思想的影响，使得他们把自身的恶劣处境同法国的政治经济制度相联系，青年人将自己的反抗行为高度理想化并付诸实施。

1968 年 3 月，由于巴黎学生举行反对越战的示威游行，并袭击美国新闻处等机构，6 名学生被捕。22 日，巴黎大学农泰尔学院的学生要求释放被捕学生，同警察发生冲突。这起事件是随后发生的“五月风暴”的开端。

5 月 3 日，为了抗议大学当局开除学生运动领导人，巴黎大学学生罢课并占领了大学校舍。警察封闭了农泰尔学院，驱散了巴黎大学的群众集会。为抗议警察的暴行，全国各地学生纷纷罢课游行。在巴黎，学生筑起街垒同警察对峙。

5 月中旬，斗争进入高潮。工人举行罢工，声援学生的斗争。5 月 14 日至 18 日，戴高乐访问罗马尼亚期间，局势大大恶化，学生占领学校，工人占领工厂，水陆空交通停顿，工厂停工，商店关门，整个巴黎陷于瘫痪。罢课罢工席卷了法国 90 多个省。

戴高乐匆匆回国，以军队为后盾同工会和企业主代表谈判，并于 5 月 25 日达成协议。5 月 30 日，戴高乐宣布解散议会进行新的选举。当天，几十万人在巴黎街头游行示威支持总统的政策。次日，戴高乐改组了政府。6 月 12 日，政府宣布禁止游行示威。6 月 16 日，警察进驻巴黎大学，拘捕了学生运动的骨干分子，“五月风暴”逐渐平息。然而法国国内的危机并没有完全解决，9 月 4 日，戴高乐终因公民投票失败而隐退。

戴高乐被抛弃以后，学生运动并没有一条路走到黑，他们也开始寻找新的动员方式和精神反思，发生了巨大的转变。1968 年欧洲学生运动高潮退去以后，学生运动中的极端组织转型为“红军派”之类的学生暴力运动，而主体则在 20 世纪 70 年代初转型为新社会运动。20 世纪七八十年代，以欧洲大规模的反核运动、保护环境的绿色和平运动和女权运动为发端，新社会运动风起云涌，各种主题的抗议运动形式迭出。千千万万的欧美民众走上街头，示威浪潮开始席卷西方社会。参与各种新社会运动的成员包括绿党、和平主义者、性别主义者、同性恋者、青年、学生或专业人员等。他们一般是围绕种族、移民、民权、性别、环境等引起公众高度关注的重大问题形成政治认同，组成各种社会运动和团体，表达诸多的不满和抗争。

这些运动有着共同的学生运动背景和网络。1968 年欧洲学生运动培养了整整一代年轻的政治活跃分子，为后来的环境运动提供了主要的领导和干部，他们也常常是其他新社会运动的组织者和支持者。而以认同为中心的新社会运动在这个阶段建立起了广泛的社会网络联系和社会运动组织，成为后来全球公民社会和新国际主义的基础。正是在环境运动的新国际主义的基础上，环境运动当中的激进主义才得以与温和组织并行不悖，维持着运动的活力，也被公众容忍，呈现出绿色化意识形态的价值观和传播方式。

同时，整个 20 世纪 80 年代，主流政治趋向于保守，主流政党不愿意面对环境议题，比如撒切尔政府就曾经公开表示对环境运动的敌意，欧洲的环保团体却在公众面前持续坚持其环保主张，其激进的反核立场背后嵌入了对冷战秩序下资本主义经济停滞的不满。这一立场和传播方式影响深远，重新聚集起 20 世纪 60 年代末学生运动的参与者或同情者。

在 1972 年世界第一次国际环保大会召开之时，最为激进、最主张赞成环保的是美、日等国。但此后，欧洲的环境运动将其环保主义提升为世界先锋。环境运动之所以能形成一个全球性运动，乃至今天的全球气候政治的议题，都可归功于 20 世纪 70 年代以来欧洲的环境运动，而环境运动产生和兴起的背景则可以追溯到 1968 年欧洲学生运动。

欧洲污染事故

当整个欧洲正在为 200 多年的粗放型、高污染的工业革命所带来的负面效果买单，各种环境事故频发的时候，欧洲的环保主义已经具备了一定的社会基础，只是还缺少一根导火线，将其升华成一股巨大的主导力量。1968 年的欧洲学生运动给其带来了巨大的推动力。在民主机制下，每个人手中握着的选票的价值是不言而喻的，这推动了环保主义走向欧洲政治舞台的中心。

在当时，欧洲为环境破坏买单的代价是极其昂贵的，除去经济上的巨大损失，更以人的生命作为代价。其中，著名的英国泰晤士河环保事故最有代表性。

横贯英国的泰晤士河是英国的母亲河，19 世纪之前，泰晤士河还很清澈。但工业革命的兴起及两岸人口的激增，使泰晤士河迅速变得污浊不堪，水质严重恶化。1878 年，“爱丽丝公主”号游船不幸沉没，造成 640 人死亡。事后调查发现，大多数遇难者并非溺水而死，而是因河水严重污染中毒而亡的。到了 20 世纪 50 年代末，泰晤士河的污染进一步恶化，水中的含氧量几乎为零，1849—1954 年，滨河地区共有约 2.5 万人死于霍乱。

1952 年 12 月 5 日清晨，地处泰晤士河河谷地带的伦敦市上空南英格兰一带有一大型移动性高压，伦敦处于高压中心，一连几日无风，风速表读数为零。再加上近地气温发生反常的逆温层现象，生活和工业排放的煤烟粉尘在无风状态下蓄积不散，烟和湿气积聚在大气层中，致使伦敦城市上空连续四五天烟雾弥漫，能见度极低。12 月 7 日伦敦市中心能见度降低到 5 米以下，因而被称为“黑暗的星期日”。飞机航班被迫取消，汽车即便在白天行驶也必须打开车灯，行人走路也极为困难，连泰晤士河上的船也无法航行。据说，烟雾进入了莎士比亚剧场，里面一片黑暗，正在上演的歌剧《茶花女》演到第一幕结束就被迫中止。

更可怕的是伴随而来的疾病的暴发，伦敦医院由于呼吸道疾病患者剧增而一时爆满，仅仅 4 天时间，死亡人数就达 4000 多人。就连当时举办的一场盛大的得奖牛展览中的 350 头牛也难逃劫难。一头牛当场死亡，52 头严重中毒，其中 14 头奄奄一息。两个月后，又有 8000 多人陆续丧生。这就是骇人听闻的“伦敦雾”事件。

此后的 1956 年、1957 年和 1962 年，伦敦又连续发生了多达12次严重的烟雾事件。直到1965年后，有毒烟雾才销声匿迹。

几十年后人们才终于弄清原因，那是由于伦敦煤的使用量巨大，煤燃烧生成的水、二氧化碳、一氧化碳、二氧化硫、二氧化氮和碳氢化合物等物质排放到大气中，附着在飘尘上，凝聚在雾气中，进入人的呼吸系统，从而诱发支气管炎、肺炎和心脏病或加速慢性病患者的死亡。1952年，浓雾从12月5日开始笼罩伦敦，空气中的污染物与雾混合在一起，彼此产生化学反应。4天后，污染浓度增加了10倍，毒性加强，整个伦敦城犹如一个令人窒息的毒气室，这才造成如此巨大的污染事故。

对泰晤士河的挽救是痛苦而又漫长的过程，一直到1983年8月31日，伦敦垂钓者拉塞尔·多伊格意外地获得了英国泰晤士河水管理局颁发的一只银杯和一张190英镑的支票，奖励他从泰晤士河中钓到了一条鲑鱼。英国媒体纷纷报道说，这标志着泰晤士河在因污染死寂了150年之后复生了。

学生运动与环境保护主义结盟后不久，就遇到了1973年10月第四次中东战争的爆发。为打击以色列及其支持者，石油输出国组织的阿拉伯成员国于当年12月宣布收回石油标价权，并将其积存的原油价格从每桶3.011美元提高到10.651美元，使油价猛然上涨了两倍多，从而触发了第二次世界大战之后最严重的全球经济危机。这就是著名的石油危机。

持续3年的石油危机对发达国家的经济造成了严重的冲击。在这场危机中，美国的工业生产下降了14%，日本的工业生产下降了20%以上，所有的工业化国家的经济增长都明显放慢。

1978年底，世界第二大石油出口国伊朗的政局发生了剧烈变化，伊朗亲美的温和派国王巴列维下台，引发第二次石油危机。此时又爆发了两伊战争，全球石油产量受到影响，从每天580万桶骤降到100万桶以下。随着产量的锐减，油价在1979年开始暴涨，从每桶13美元猛增至1980年的34美元。这种状态持续了半年多，此次危机成为20世纪70年代末西方经济全面衰退的一个主要原因。

在石油危机中，伴随着石油价格的上涨，以节能意识为主的环保主义得到了进一步发展。在北欧的丹麦等国，这种意识发展得更甚。思想决定出路，北欧国家在后来的低碳发展中，果然执世界低碳发展之牛耳，环境指数也长期排在全球最高位，成为为数不多的低碳国家之一。这也是史上最重要的会议哥本哈根世界气候变化大会落户丹麦的重要原因。

《寂静的春天》

不过，在对欧洲学生运动对环保主义推动的价值进行挖掘的同时，我们不能忘记一位伟大的女性。她的一本传世佳作《寂静的春天》成为环保主义的奠基之作。因为她的伟大和坎坷，必须在这本书里面，拿出一部分篇幅介绍她。

她叫蕾切尔·卡逊，是一位美国海洋生物学家。生于宾夕法尼亚州匹兹堡市溪泉镇的蕾切尔·卡逊从小就对大自然、对野生动物有着浓厚的兴趣，她的大部分时间都是一个人在树林和小溪边度过的，用于观赏飞鸟、昆虫和花朵。而作为一名科学家，她也有着极高的敏锐度。

在她的印象里，春天是鲜花盛开、百鸟齐鸣的季节，春天不应该是寂静无声的，尤其是在春天的田野。可是并不是人人都会注意到，从某一个时候起，突然地，在春天里就听不到燕子的呢喃、黄莺的啁啾，田野里变得寂静无声了。

1958 年 1 月，卡逊接到她的一位朋友，原《波士顿邮报》的作家奥尔加·欧文斯·哈金斯寄自马萨诸塞州的一封信。哈金斯在信中写道：1957 年夏，州政府租用的一架飞机为消灭蚊子喷洒了 DDT。喷洒区域包括她和她丈夫在达克斯伯里的两英亩私人禽鸟保护区。第二天，她的许多鸟儿都死了，她为此感到十分震惊。于是，哈金斯女士给《波士顿先驱报》写了一封长信，又给卡逊写了一个便条，附上长信的复印件，请这位已经成名的作家朋友在首都华盛顿找找什么人帮她的忙，不要再发生此类事情了。

DDT 是一种合成的有机杀虫剂，作为多种昆虫的接触性毒剂，有很高的毒效，尤其适用于扑灭传播疟疾的蚊子。第二次世界大战期间，仅仅在美国军队当中，疟疾病人就多达 100 万，特效药金鸡纳霜（奎宁）供不应求，这也极大地影响了战争的进程。后来，有赖于 DDT 消灭了蚊子，才使疟疾的流行逐步得到了有效的控制。DDT 及其毒性的发现者、瑞士化学家保罗·H. 米勒因而获 1948 年诺贝尔生理学医学奖。但是应用 DDT 这类杀虫剂，就像是与魔鬼做交易：它杀灭了蚊子和其他害虫，也许还会使作物提高收益，但同时也杀灭了益虫。更可怕的是，在接受过 DDT 喷洒后，许多种昆虫能迅速繁殖出抗 DDT 的种群；还有，由于 DDT 会累积于昆虫的体内，这些昆虫成为其他动物的食物后，那些动物，尤其是鱼类、鸟类，也会中毒而被危害。所以喷洒 DDT 只是获得了近期的利益，却牺牲了长远的利益。

在美国“鱼类和野生生物署”工作时，卡逊就了解过有关 DDT 对环境产生长期危害的研究情况。她的两位同事于 20 世纪 40 年代中期就曾经写过有关 DDT 危害的文章。她自己在 1945 年也给《读者文摘》寄过一篇关于 DDT 危险性的文章，在文章中，她提出是否可以在该刊上谈谈这方面的故事，但是遭到了拒绝。现在，哈金斯提到大范围喷洒 DDT 的事让她的心灵受到极大的震撼，只是哈金斯的要求，她觉得她无力办到。于是，卡逊决定自己来做，也就是她后来说的，哈金斯的长信“迫使我把注意力转到我多年来一直关注的这个问题上来”，决定要把这个问题写出来，让很多人都知道。

卡逊原本只是计划用一年的时间来写本小册子。后来，随着阅读资料的增多，她感到问题比她想象的要复杂得多，并非是一本小册子所能说得清楚和让人信服的。就这样，从 1957 年开始“意识到必须要写一本书”，到尽可能搜集一切资料，阅读了数千篇研究报告和文章，到 1962 年完成并以《寂静的春天》为名由霍顿・米夫林出版公司出版，卡逊花去了五六年时间。

而在这五六年的时间里，卡逊的个人生活正经受着极大的痛苦。她和她母亲收养的外甥、五岁的罗杰因为得不到她的照顾，在 1957 年差点儿死了；此后，随着她母亲生病和去世，她又面对了一位十分亲密的朋友的死亡。也正是在这个时候，她自己被诊断出乳腺癌，进行了乳房彻底切除的手术和放射治疗。她还因负担过重，身体十分虚弱、难以支撑，被阻止继续工作。但是卡逊以极大的毅力实现了她的目标。《寂静的春天》出版两年之后，她心力交瘁，因乳腺癌与世长辞。

在多年以后，蕾切尔·卡逊的忠实信徒，也是后来推动应对气候变化挑战的领袖戈尔，在《寂静的春天》新版的序言中写道：她所坚持的思想终于为人类环境意识的启蒙点燃了一盏明亮的灯。在戈尔的眼里，《寂静的春天》的影响可以与《汤姆叔叔的小屋》相媲美，一起改变了美国社会。

尽管《寂静的春天》出版后，因触及众多利益集团的利益，他们对蕾切尔·卡逊的攻击绝对比得上当年出版《物种起源》之后神权统治者及其信众对达尔文的攻击。但《寂静的春天》连续 31 周登上《纽约时报》的畅销书排行榜。当作品先期在《纽约客》杂志上连载发表时，就引发了 50 多家报纸的社论和 20 多个专栏发表评论文章。这部作品成书于 1962 年 9 月出版，先期销量达 4000 册，到 12 月就已售出 10 万册，而且仍在继续加印。

这本书巨大的影响力，使得美国民众很快就参与了这场全民大辩论，并且在一年左右的时间就迫使美国国会和政府调查有关环保问题并开始制定环保法规，实现了 DDT 的直接禁用，之后，大量的环保组织开始出现，美国环保署也正式成立。这就是一个伟大女性带给世界的巨大改变。

20世纪60年代初，《寂静的春天》的出版向人类敲响了生态危机的警钟。人口爆炸、土地沙化、资源枯竭、能源危机、环境污染，这所有的一切已经使人类陷入了生存的“困境”。1972年，一个主要由科学家组成的非政府组织——罗马俱乐部发表了一份振聋发聩的研究报告《增长的极限》，向全人类宣告了能源与环境问题对人类社会与延续的终极制约，这极大地影响了各国的经济生产方式、社会生活模式乃至政治发展内涵。1972年，第一次联合国环境与发展大会召开。《增长的极限》在世界各地引起了巨大的反响，它“在人们面前打开了一个在过去实际上被人们搁置一边的生死攸关问题的重大领域”。

1970年4月22日是世界第一个“地球日”，被公认是由1962年蕾切尔·卡逊出版的《寂静的春天》拉开序幕之后，美国环境保护运动走向高潮的一个标志。这一天，2000万美国各阶层人士参加了盛大的环保游行，在全国各地，人们高呼着保护环境的口号，在街头和校园游行、集会、演讲和宣传。随后影响日渐扩大并超出美国国界，得到了世界许多国家的积极响应，最终成为世界性的环境保护运动。

自那时起，到20世纪90年代，经过30多年的努力和奋斗，美国的环境保护运动已经取得了令人瞩目的成就。它主要体现在两个方面：一是公众的环境意识，二是政府的环境政策和行为。1992年，美国已有一万多个各种各样的非政府环境保护组织，其中十个最大的组织的成员已从1965年的50万人增至1990年的720万人。更重要的是，“环境保护主义”已经成为一个被广泛接受的社会思潮，而不单单是一个口号了。例如，根据 1990 年的民意测验，有 73% 的美国人都确信自己是一个“环境保护主义者”，有 80% 的人则把环境看作最重要的社会问题。可见，随着环境保护运动的发展，公众的环境意识亦日渐浓厚。

由绿而党

当环境悲剧与学生的青春激情融合，当石油上涨的价格与理性的利益开始博弈，当《寂静的春天》与媒体搭档，在欧洲与美国结合，环保主义终于成为主流的社会思潮。

以这种观念作为基础，“自然之友”“峰峦俱乐部”“绿色和平组织”“世界卫士”“布仑特兰委员会”等非政府组织蓬勃发展，推动着作为国际社会一种市民运动的“绿色政治运动”的发展，其影响日益深入，并渗透至社会的每一个角落，形成了所谓“绿色政治化”的局面。在这场环保主义运动中，逐步涌现出数家国际性的大型环境非政府组织。这些组织也成为最主要的环境游说组织。

在这些组织的游说下，联合国于 1972 年 6 月 5 日在瑞典首都斯德哥尔摩召开了历史上第一次“联合国人类环境会议”，会议通过了《联合国人类环境会议宣言》，并提出将每年的 6 月 5 日定为“世界环境日”。同年 10 月，第 27 届联合国大会通过决议，接受了该建议。世界环境日的确立，反映了世界各国人民对环境问题的主流价值观的形成。

这次人类环境会议对应对气候变化、建立低碳世界也具有开创性的重要意义。因为在这次会议上，参与方作出决议，在联合国框架下成立一个负责全球环境事务的组织，统一协调和规划有关环境方面的全球事务。1973 年 1 月，作为联合国统筹全世界环保工作的组织，联合国环境规划署正式成立。其临时总部设在瑞士日内瓦，后于 1973 年 10 月迁至肯尼亚首都内罗毕。因为有了联合国环境规划署的存在，才有了在 1988 年成立政府间气候变化专门委员会的基础，才有了前期应对气候变化的一个组织框架基础。

但光有环保主义，光有国际组织，还是不能将应对气候变化、建设低碳社会，从政治、法律、经济的层面更深入地推进。尽管联合国看起来派头很大，但在解决实际问题上，决定世界游戏规则的依旧是大国。这个时候，欧盟再次成为应对气候变化的旗手、推动者。现在回顾应对气候变化的历史，最佳先进组织肯定要授予欧盟。

欧盟之所以能够成为环保旗手，还是要追溯到 1968 年的欧洲学生运动。学生运动引导的环保运动，在欧洲拥有了无数的粉丝。

早在 1985 年就有人统计，大约有 1000 万西欧人属于一个或多个环保团体，而参加地方环境运动活动的人数是这个数字的两三倍以上。有了这种强大的人气作为基础，环境运动组织纷纷联合并参加欧洲各国的地方竞选，积极参加地方和全国选举，联合之后的环境运动组织也纷纷改名或被视为绿党，他们成为 1980

年以来欧洲政治版图中最为活跃的新兴政治力量。

1985 年，刚刚加入新成立的德国绿党不久的约施卡·菲舍尔参选成功，被任命为黑森州环境部长，这也是德国绿党取得的第一个公职。菲舍尔和前面那位质疑法国青年与体育部部长的科恩·本迪特一样，都是 1968 年欧洲学生运动中最有影响力的学生领袖之一。他们能够走到欧洲政治舞台的中心，还是受益于 1968 年欧洲学生运动带给他们的政治遗产。

当环保组织转化为政党，各国绿党所获的支持也稳步上升，在 1994 年的大选中，德国绿党成长为第三大党；最早进入议会（1981 年）的比利时两个分别代表不同语区的绿党在 1999 年共赢得 14.3% 的选票。尽管欧洲各国绿党在各类大选中所获选票超过 10% 的情况并不常见，但是，在欧洲大陆普遍的多党制体制下，绿党的作用举足轻重，有着四两拨千斤的效果。

于是，欧洲各国的绿党纷纷入阁。芬兰的“绿色联盟”于 1995 年进入内阁，开创了欧洲绿党参政的先例（见表 2–1）；之后，1998 年德国绿党加入与社民党的联合执政；菲舍尔出任了施罗德政府的副总理兼外交部部长。法国绿党也于 1997 年加入执政的中左联合政府，而在 2009 年的欧洲议会选举中，竟获得 16% 的选票，与社会党（17%）相当。

表2-1　芬兰和瑞典绿党国内大选和欧洲议会选举中的结果（1979—2004年）

瑞　典										
大选年份	1982	1985	1988	1991	1994	1995*	1998	1999*	2002	2004*
选票比例	1.7%	1.5%	5.5%	3.4%	5.0%	17.2%	4.5%	9.4%	4.6%	5.9%
获得议席	0	0	20	0	18	4	16	2	17	1
议席总量	—	—	349	349	349	22	349	22	349	19
芬　兰										
大选年份	1979	1983	1987	1991	1995	1995*	1999	1999*	2003	2004*
选票比例	0.1%	1.4%	4.0%	6.8%	6.5%	7.6%	7.3%	13.4%	8.0%	10.0%
获得议席	0	2	4	10	9	1	11	2	14	1
议席总量	—	200	200	200	200	16	200	16	200	14

* 欧洲议会选举结果。

资料来源：欧洲绿党联盟（EFGP）成员党选数据《西欧政治》（1980—2004年）大选分析绿党选举数据。

绿党入了阁，掌握了国家的政治权力，就好比非政府组织的环保组织，比联合国环境保护署这样的国际性组织，更有话语权，更有实质推动能力。20世纪末，欧盟的4个主要成员国中有3个均由绿党籍政治家出任环境部长（德、法、意），并参加欧盟理事会的环境部长会议，左右着欧盟的环境政策。这种政策是有法律与政治力量做保障的，欧洲的环保主义不单纯是一种理论、一种社会学上的思潮、一种道德，而且是一种强制的约束力。

欧洲各国在一体化的道路上，首先从欧共体整起，最终搞出了一个欧盟。其中，通过环境运动环境意识得以在大众中普及，成为跨党派、跨国家的政治共识，并且也是促使欧盟成立的一个重要因素。

欧盟成立后，综合实力迅速提升，累计起来的国内生产总值超过了长期的世界霸主美国。财大容易气粗，当欧盟的实力足够膨胀的时候，必然要出来管事，必然会输出自己的价值观。以环保主义为基础，应对气候变化、实现低碳发展，就成为其向世界输出的最重要的价值观。

这种价值观充满了绿色环保概念，为实现低碳目标铺平了道路，比起“人权”这种并不明晰的价值观在推广方面难度要小很多，所以在全世界的推广效果也是很显著的。也是在这种低碳价值观推广的背景下，欧洲开始在全世界范围内推行欧洲应对气候变化的经验，实现从环保主义的软约束转化为政治、法律的硬约束。

于是，建立国际应对气候变化的国际法体系建设的大幕被欧盟徐徐拉开。这面大幕的背后，就是里约热内卢地球峰会、《京都议定书》、“巴厘路线图”、哥本哈根世界气候变化大会等这些已经让大家耳熟能详的名字。

面子工程

有了环保主义作为基础，除了国家力量以外，还有一种力量在推动着低碳热。这种力量来自于企业、个人的形象市场。为了形象的面子工程，企业与个人“装”出了低碳热。当然这种面子工程中蕴含着企业和个人的社会责任。

面子工程，有时候也是一种时尚工程。时尚代表了趋势潮流。有时候也与是否时尚和是否精英画等号。这种价值观促使很多精英们必须要掌握一些大众不能掌握的东西。大众化的东西是算不上时尚的。为了避免被认为无知，这些精英们必须要不断地创造出新的流行趋势。

低碳来源于环保主义，与国际政治、经济博弈相结合，但在大众层面上尚未推广开来，正可以作为一种时尚的最佳选择品。于是，精英们为了显示出自己的与众不同，为了显示出自己的知识渊博，为了显示出自己的先知先觉，他们将低碳定位为一种时尚。精英们往往掌握着社会的话语权，当话语权和时尚结合的时候，化学作用就产生了，从而在更大范围内推动了低碳热。

“碳足迹”一词就是一个典型的代表，在现在的精英社交圈中，如果不能说出自己的“碳足迹”，那就会被视为落伍了。于是，精英们开口闭口大谈“碳足迹”。其实，“碳足迹”并不神秘，它来源于一个英语词汇“Carbon Footprint”，是指一个人的能源意识和行为对自然界产生的影响，简单地讲就是指个人或企业的“碳耗用量”。其中“碳”，就是石油、煤炭、木材等由碳元素构成的自然资源；碳耗用得多，导致全球变暖的元凶二氧化碳也制造得多，“碳足迹”就大；反之，“碳足迹”就小。

而面子工程，有时候也是一种形象工程。当“低碳”被拥有话语权的气候学家、科研组织、环保运动、发达国家、社会精英从中性词打造成一个褒义词之后，与低碳有关的事情就更加有影响力了。

名人出于面子考虑对低碳的宣传和号召，更有助于推动低碳热的延续。这是时尚进入普及化的必然阶段。因为低碳这种时尚理念已经成了政治正确，这就意味着倡导、参与普及这一理念，必将给自己带来莫大的好处。无论是名人、企业还是国家，都会热衷于树立起积极的形象，成为先进性的化身，甚至从中赚取更多的名誉、利润和权力，这些利益是驱动名人和精英们不遗余力创造时尚的原动力之一。当然，对于名人这种面子工程，更多的是一件“好事”，令大多数公民也开始大讲特讲低碳了。

面子工程，有时候也是一种企业社会责任。在低碳时尚成为政治正确之后，也就是成了社会责任之后，优秀的企业必然会积极参与低碳活动，树立良好的企业社会责任形象，以之作为打动消费者的方式，为其带来无形资产甚至直接的效益。

而到了新时代，社会责任有了新的变化。当低碳理论得到大多数人的认同，这种理论就有了威慑力。如果你的企业在低碳方面所承担的社会责任不到位的话,可能就会被你的消费者所抛弃。这必然会对企业产生一股巨大的压力。这也促使企业必须参与到低碳行动、低碳宣传中。由于企业掌握着巨额的资金，它们树立自己的企业形象，必然会推动整个社会的低碳热的形成。

如沃尔玛在 2009 年 7 月宣布，要求供应商提供产品生命周期的环境信息，并制作碳标签供消费者了解。作为在全球范围内拥有众多连锁超市的零售业巨头，此举影响了沃尔玛所涉及的十万个供应商。中国第一个拥有私人飞机的企业远大空调，其董事长张跃也是因为看到一组关于飞机排放的二氧化碳远远高于汽车与火车的数据，从而放弃了乘坐私人飞机商务出行。

各种企业、个人出于社会责任的需要，参与到低碳的宣传中来，无疑成为低碳热的一股非常重要的推动力量。

结　语

历史总是在不经意间被改写，可能是由于一次小小的冲突，也可能是因为某个人的强烈呼喊，总之，在偶然性事件的背后蕴藏着无比深厚的社会背景。历史车轮的启动是缓慢的，正如同开始的时候是上坡阶段，一旦过了山顶，到了下坡，就会势不可当，一日千里。在蕾切尔·卡逊的《寂静的春天》一纸风行之时，环保思想才刚刚萌芽，而在1968年欧洲学生运动推动了环保主义运动的兴起之后，欧洲的环保思想就一发不可收拾，直至绿党的成立，“低碳”也因此成为家喻户晓的名词。

作家、社会活动家的身影出现在低碳的舞台上，为低碳热又添了一把火，在环保主义的呐喊之后，国际法的出台将进一步规范低碳发展的清晰路线，国际法是如何“逼”出低碳热的，下一章将有详尽的叙述。

第三章　国际法“逼”出低碳热

尽管《京都议定书》建立了旨在减排的三个灵活合作机制——国际排放贸易机制（International Emissions Trading，简称ET）、联合履行机制（Joint Implementation，简称JI）和清洁发展机制（Clean Development Mechanism，简称CDM），明确规定了全球温室气体减排的目标和时间表，但是它的出台所经历的坎坷之路却超乎一般人的想象，在大大小小无数次的国际博弈之后，恐怖主义在俄罗斯别斯兰的一枪，促使俄罗斯政府应对气候变化态度发生了转变。随着《京都议定书》的正式生效，国际法最终以其强制性的力量“逼”出了“低碳热”。

《联合国气候变化框架公约》的艰辛历程

里约热内卢的地球峰会

1988年，全球各地气温屡创新高，超过了20世纪80年代曾创下短暂高温纪录的另外三个年头，并引发了一系列灾难性的后果，引起了媒体的关注，造就了前文中提到的詹姆斯·汉森这个学界明星。汉森颇为吸引眼球的发言，在媒体极其发达的美国迅速引起了民众的认同。欧洲抓住这次机会，顺势而为开展了各种外交游说和宣传工作。

伴随着环保主义的推广取得实效，欧洲开始思考如何在全球范围内将其变成一种国际上的政治共识，达成一个国际协议，从而将环保主义变成有实际约束力的法律。

在欧洲和其他支持国的共同作用下，1988年，联合国环境规划署在多伦多召开会议，开始着手准备即将于1992年6月在里约热内卢召开的联合国环境与发展大会。为了这次里约热内卢地球峰会的顺利开展，1990年12月，第44届联合国大会通过了44/225号决议，决定成立政府间气候变化专门委员会，组织谈判制定《联合国气候变化框架公约》，并确定将该公约作为1992年在巴西里约热内卢召开的联合国环境与发展大会的议事日程。

1991年冬天，联合国政府间谈判委员会召开了第一次预备会议，协商先前提出的条约。联合国环境规划署署长穆斯塔法·图勒巴为会议定下了基调，他说："各地人民都将1992年看作是我们拯救地球的最好机会，也可能是最后的机会。"

尽管如此，会议的过程依然是艰难的，其中最大的障碍是美国。1988 年，美国正处于老布什执政时期，他是一个来自共和党的坚决反对地球变暖理论的总统。在美国，能源跨国公司传统上是共和党的经济基础、社会基础与政治基础。共和党的总统老布什上台后，自然对能源企业关爱有加。而能源企业的最大宗商品就是石油，这可是造成地球变暖、大气中二氧化碳浓度升高的罪魁祸首之一。

为此，在气候问题上，欧洲在国际串联的同时，美国和石油输出国组织（即欧佩克）成员国结成了同盟。美国给欧洲泼冷水的任务主要落在了白宫办公厅主任约翰·苏努努的身上，他是美国准备里约热内卢地球峰会的核心人物。

约翰·苏努努原来是新罕布什尔州州长，他认为环境保护主义者的立场往往是意识形态上的，没有足够的科学证据证明破坏环境的危险性，也无法证明其提出的某条措施的有效性，而且常常阻碍经济发展。在全球气候变暖一事上，苏努努坚持认为，大幅减少矿物燃料的二氧化碳排放量代价非常昂贵，很有可能带来百万个工作岗位的丢失，并且尚无足够的科学证据证明全球气候变暖的危险已经严重到了要付出这种代价的程度。

约翰·苏努努的态度反映了美国社会的一种主流观点。因为美国人的生活方式充满了奢侈的习惯，他们喜欢开大排量的汽车，喜欢住别墅。要想对此进行改变，老布什不得不掂量后果。

在选民最为重要的机制下，老布什的政策迎合了大多数美国人的心理。1991 年 7 月于伦敦召开的西方七国集团首脑会议

（Group of Seven，即 G7 峰会）上，在欧洲这位环保旗手付出巨大努力的情况下，欧洲、加拿大和日本等国全都要求美国承担冻结二氧化碳排放量的义务。

而此刻的老布什不仅在国际上遭到其他峰会国家的谴责，而且在美国国内，他的压力也与日俱增。国内环保组织执意要他兑现成为“环保总统”的诺言，里约热内卢地球峰会也成了名流们关注的焦点。演员詹姆斯·厄尔·琼斯告诉观众：“整个人类正处在危险之中。”峰峦俱乐部组织了一场群众运动，要求总统同意签署强有力的协议，在峰会上起到领导作用。

世界资源研究所暗示，如果总统不采取强有力的行动，在即将到来的总统选举中，他会很容易受到“反对环境保护”方面的指责。国会中的民主党领袖提出议案，要求到 2000 年将美国温室效应气体的排放量保持在 1990 年的水平上——这也是欧洲在劝说美国接受的义务。

尽管面对这样的压力，苏努努也被迫离开了白宫办公厅主任的职位，老布什还是坚持在减少二氧化碳排放的目标和时间表方面不承担任何义务。在这点上，老布什展现出一个政治家的强硬立场。

随着里约热内卢地球峰会的临近，欧洲及其伙伴们宣称，要在承担冻结二氧化碳排放量的基础上缔结一项条约，并且提出了到 2000 年将二氧化碳的排放量冻结在 1990 年水平上的目标，这一目标要将美国排除在外。老布什则针锋相对地威胁说，如果美国遭到孤立并成为攻击对象的话，他将不参加此次里约热内卢地球峰会。这种对峙，让里约热内卢地球峰会面临中途翻车的风险。

当这种僵持达到令人窒息的程度的时候，欧洲妥协了。在欧洲看来，即便达成一项将美国包括在内的空泛条约，也胜过一项缺少美国参与的有力条约，于是条约放宽了对二氧化碳排放目标和时间表的要求。后来的历史发展也证明欧洲的这种妥协是有价值的。

1992 年 6 月 3 日至 14 日，联合国环境与发展大会如期在巴西里约热内卢召开。这是继 1972 年 6 月瑞典斯德哥尔摩联合国人类环境会议之后，环境与发展领域中一次大规模、高级别的国际会议。有 183 个国家代表团、70 个国际组织的代表参加了此次会议，有 102 位国家元首或政府首脑到会讲话，众多大牌明星纷纷登场，其中包括美国传媒大亨特德·特纳和著名演员简·方达夫妇。

在里约热内卢地球峰会上，通过了《联合国气候变化框架公约》。这是世界上第一个为全面控制二氧化碳等温室气体排放，以应对全球气候变暖给人类经济和社会带来不利影响的国际公约，也是国际社会在应对全球气候变化问题上进行国际合作的一个基本框架。

欧洲的妥协态度，在《联合国气候变化框架公约》的文件中得到了体现。公约承认温室气体的排放会带来不利的影响，并要求签约国到 2000 年将各自的排放量减少到 1990 年的水平。然而，这一减排目标遵循自愿的原则，不需要承担义务。这使得该公约成为一个没有量化、非强制性的口号式公约。

《联合国气候变化框架公约》的诞生

1985年10月，联合国环境规划署(United Nations Environment Programme，简称 UNEP）、世界气象组织（World Meteordogical Organization，简称 WMO）和国际科学联盟（Intemational Council for Science，简称 ICSU）首次提出制定国际条约防止气候变化倡议。1988 年 6 月，在加拿大召开的关于气候变化的国际非政府组织间会议再次呼吁制定一项国际纲要公约。1988 年 11 月，联合国政府间气候变化专门委员会成立并召开第一次大会。1988 年 12 月，第四十三届联合国大会上首次审议关于气候变化的提案。1989 年 6 月，联合国环境规划署和世界气象组织成立特别工作组，开始起草公约和谈判计划。1990 年 10 月，政府间气候变化专门委员会提交《第一次气候变化评估报告》，为公约谈判提供了科学支持。

1990 年 12 月，第四十五届联合国大会通过了关于保护气候的第 45/212 号决议，决定设立气候变化框架公约政府间谈判委员会（Intergovernmental Negotiating Committee，简称 INC），正式启动公约的谈判进程。

在 1991 年 2 月开始起草《公约》的多轮谈判中，由“七十七国集团（包含约 130 个发展中国家）和中国”与发达国家展开了艰苦的谈判。其中，谈判的焦点主要集中在责任、承诺、政策措施、资金与技术转让以及基本组织机构等问题。针对气候变化的诸多问题，各个国家都有自己的利益立场，并在《气候变化框架公约》的缔结和续展谈判中针锋相对。

由于在发达国家历史责任、发展中国家发展权等问题上分歧很大，谈判进展缓慢，但在里约环境与发展大会召开在即的大背景下，各方最终达成一致，于1992年5月9日在纽约通过了《公约》。自1992年6月4日开始，在巴西里约召开的联合国环境与发展大会上开放签署，中国是安理会常任理事国中的第一个签字的成员国。到1992年6月14日，共有153个国家和欧共体签署了《公约》，其中有71个是由国家元首或政府首脑签署的，这在历史上是罕见的。

《联合国气候变化框架公约》搭建起了国际合作的框架机制，于1994年3月21日开始正式生效。按照公约的要求，每年都会有一次缔约方大会，这成为欧盟最重要的国际合作的舞台之一。

《联合国气候变化框架公约》的关键性成果就是明确了发展中国家与发达国家在处理气候变化问题上的合作基础。它要求发达国家向发展中国家提供资金和技术援助，而后者只需表达良好的合作意愿即可。这就是如今我们耳熟能详的“共同但有区别的责任”。换句话说，这就是在全球对二氧化碳减排问题上实行双轨制。

《联合国气候变化框架公约》作为第一个应对全球气候变暖的具有法律效力的国际公约，也是国际社会在应对全球气候变化问题上进行国际合作的一个基本框架。公约由序言及26条正文组成，具有法律约束力，终极目标是将大气温室气体浓度维持在一个稳定的水平，在该水平上人类活动对气候系统的危险干扰不会发生。根据“共同但有区别的责任”原则，公约对发达国家和发展中国家规定的义务以及履行义务的程序有所区别，要求发达国家作为温室气体的排放大户，采取具体措施限制温室气体的排放，并向发展中国家提供资金以支付他们履行公约义务所需的费用。而发展中国家只承担提供温室气体源与温室气体汇的国家清单的义务，制订并执行含有关于温室气体源与汇方面措施的方案，不承担有法律约束力的限控义务。该公约建立了一个向发展中国家提供资金和技术，使其能够履行公约义务的机制。

但这个基础并不是牢不可破的，后来的多次国际会议都为了实行双轨制还是实行各国都参与减排的单轨制争论不休，以至在哥本哈根世界气候变化大会上，这种激烈的博弈达到了顶峰。

尽管《联合国气候变化框架公约》在敦促各国减排方面，从国际法律的强制性来说几乎是一纸空文，它留给人们更多的是一种态度倾向、宣传口号等，但是公约的签署还是具有积极意义的，它在人类环境保护与可持续发展进程上迈出了历史性的一步，为人类应对气候变化，开展国际合作搭建起了一个框架，为进一步推进温室气体减排的谈判奠定了良好的基础。

里约热内卢地球峰会如同星星之火，在接下来的十多年时间里，推动了应对全球变暖的燎原之势，推动了低碳热的蓬勃兴起。但低碳这把“火”真正“烧”起来，还是在13年后《京都协议书》的生效。

2022年是《联合国气候变化框架公约》通过30周年，这30年中，国际社会为应对气候变化，遏制全球气候变暖，做了持续努力，1995年开始每年召开联合国气候变化大会（《联合国气候变化框架公约》缔约方大会，Conference of the Parties，简称COP），先后通过包括《柏林授权书》（1995）、《京都议定书》（1997）、《马拉喀什协定》（2001）、《德里宣言》（2002）、《内罗毕工作计划》（2006）、《巴厘路线图》（2007）、《哥本哈根协议》（2009）、《多哈修正案》（2013）、《巴黎协定》（2015）在内的若干文件，其中《京都议定书》《巴黎协定》与《联合国气候变化框架公约》（见表3-1）并称为三大里程碑文件。

表3-1　《联合国气候变化框架公约》附件Ⅰ所列缔约方

缔约方	排放量（千兆克）	百分比（%）
澳大利亚	288.965	2.1
奥地利	59.200	0.4
比利时	113.405	0.8
保加利亚	82.990	0.6
加拿大	457.441	3.3
捷克共和国	169.514	1.2
丹麦	52.100	0.4
爱沙尼亚	37.797	0.3
芬兰	53.900	0.4
法国	366.536	2.7
德国	1012.443	7.4
希腊	82.100	0.6
匈牙利	71.673	0.5
冰岛	2.172	0.0
爱尔兰	30.719	0.2
意大利	428.941	3.1
日本	1173.360	8.5
拉脱维亚	22.976	0.2

续表

缔约方	排放量（千兆克）	百分比（%）
列支敦士登	208	0.0
卢森堡	11.343	0.1
摩纳哥	71	0.0
荷兰	167.600	1.2
新西兰	25.530	0.2
挪威	35.533	0.3
波兰	414.930	3.0
葡萄牙	42.148	0.3
罗马尼亚	71.103	1.2
俄罗斯联邦	2388.720	17.4
斯洛伐克	58.278	0.4
西班牙	260.654	1.9
瑞典	61.256	0.4
瑞士	43.600	0.3
大不列颠及北爱尔兰联合王国	584.078	4.3
美利坚合众国	4957.022	36.1
合计	13728.306	100.0

《京都议定书》的跌宕起伏

《京都议定书》

里约热内卢地球峰会结束不久，略显失望的欧洲又开始了新的征程。签订一个明确发达国家减少二氧化碳排放的目标和时间表的具有法律效力的协议，成为欧洲的首要目标。

这次欧洲的准备是很充分的。1995 年 4 月 7 日，为期 11 天的《联合国气候变化框架公约》第一次缔约方大会在德国柏林国际会议中心闭幕，会议通过了《柏林授权书》等文件。会议认为，现有《联合国气候变化框架公约》所规定的义务是不充分的，同意立即开始谈判，就2000年后应该采取何种适当的行动来保护气候进行磋商，以期最迟于1997年签订一项议定书，议定书应明确规定，在一定期限内发达国家所应限制和减少的温室气体排放量。

这次会议为1997年《联合国气候变化框架公约》第三次缔约方大会，也就是著名的京都联合国气候变化大会奠定了各方面的基础。但对于欧洲而言，听到最好的消息则是来自美国方面发生的变化。

在里约热内卢地球峰会结束五个月后，顽固的老布什在温室气体减排问题上拒不让步，选民们抛弃了他，年轻的民主党人比尔·克林顿当选为新的美国总统，而副总统由应对气候变化的英雄阿尔·戈尔出任。这一新格局导致美国政府对待气候变化问题的态度有了很大的转变。一方面民主党本身比共和党更关注气候变化的问题；另一方面，主持美国气候谈判工作的副总统戈尔还是一位环保主义的忠实信徒。

戈尔于1993年领导制订了一项《气候变化行动计划》，该计划和其他措施共同促使美国承担起到2000年将二氧化碳的排放量保持在1990年水平上的义务。1996年7月，在日内瓦召开的《联合国气候变化框架公约》第二次缔约方大会上，通过了以美国的一份政策声明为蓝本的《日内瓦宣言》。这次，美国不仅主动参与其中，而且带头向目标和时间表发起了冲锋。

1997年12月,美丽的千年古城日本京都焕发了青春,参加《联合国气候变化框架公约》第三次缔约方大会的众多政治精英汇聚于此。因为欧盟和美国这两大巨头握手言欢，有了这种强大的基础，各界对京都大会充满了期待。

但京都大会的过程，依旧坎坷不平，只不过挑战的关键已经不在于是否要减排二氧化碳，而是如何减排。减排的最后期限和减排量成为分歧的焦点：欧洲希望将二氧化碳减排的最后期限定为2010年，3种温室效应气体的排放量在1990年的基础上削减15%；而美国希望将最后期限定在2008—2012年，将6种温室气体的排放量减少至1990年的水平。

因为这种分歧，在京都大会上，各国总体分成了三派：一派是激进派，包括欧洲和小岛国；一派是缓进派，以美国为核心，外围是伞形国家集团；还有一派是反对派，主要是发展中国家，它们不愿参与进碳控制的行列。在发展中国家看来，地球上80%的二氧化碳是由工业化国家在工业革命长达200多年的历史中排放出来的，这也是二氧化碳排放问题历史原罪说的基础。

目标上的冲突让会议的争吵不可避免，这次欧洲非常强硬，坚决拒绝让步。京都大会似乎眼看要以失败告终了。为挽救这次会议，戈尔不顾一切飞赴京都，向与会代表发表讲话，并指示美国的谈判代表艾森施塔特要“表现得灵活一点”。

最终，双方达成妥协，一方面美国作出让步，答应在1990年的基础上减排7%；另一方面欧洲认可了美国阵营提出的温室效应气体涉及范围，即包括甲烷在内的6种气体都属于温室气体。

在最重要的目标和时间表问题上，协议规定，2008—2012年，欧洲要在1990年的水平上将排放量减少8%，美国减少7%，日本减少6%。《京都议定书》遵循《联合国气候变化框架公约》里发展中国家不承担有法律约束力的温室气体限控义务，但被邀请在自愿的基础上参与的原则。这一点，是发展中国家愿意通过这个条约的最重要的原因（见表3-2）。

表3-2　《京都议定书》的附件Ⅱ（联合国气候变化框架公约）附件Ⅰ所列缔约方承诺的减排目标）

缔约方	量化的限制或减少排放的承诺（基准年或基准期百分比，%）
澳大利亚	108
奥地利	92
比利时	92
保加利亚*	92
加拿大	94
克罗地亚*	95
捷克共和国*	92
丹麦	92
爱沙尼亚*	92
欧洲经济共同体	92
芬兰	92
法国	92
德国	92
希腊	92
匈牙利*	94
冰岛	110
爱尔兰	92
意大利	92

续表

缔约方	量化的限制或减少排放的承诺（基准年或基准期百分比，%）
日本	94
拉脱维亚*	92
列支敦士登	92
立陶宛*	92
卢森堡	92
摩纳哥	92
荷兰	92
新西兰	100
挪威	101
波兰*	94
葡萄牙	92
罗马尼亚*	92
俄罗斯联邦*	100
斯洛伐克*	92
斯洛文尼亚*	92
西班牙	92
瑞典	92
瑞士	92
乌克兰*	100
大不列颠及北爱尔兰联合王国	92
美利坚合众国	93

*1997 年正在向市场经济过渡的国家。

《京都议定书》除了在温室气体减排的目标和时间表上实现了重大突破以外，还取得了一个重要的进展，就是建立了旨在减排的三个灵活合作机制——国际排放贸易机制、联合履行机制和清洁发展机制。

这三大机制内涵、方式各不相同，但是目标都是为了减少全球二氧化碳的排放量。

首先，国际排放贸易机制指的是一个发达国家将其超额完成减排义务的指标，以贸易的方式转让给另外一个未能完成减排义务的发达国家，并同时从转让方的允许排放限额上扣减相应的转让额度。

其次，联合履行机制指的是发达国家之间通过项目级的合作，其所实现的减排单位（Emission Redvction Unit，简称 ERU），可以转让给另一发达国家缔约方，但是同时必须在转让方的“分配数量”（Assigned Amount Unit，简称 AAU）配额上扣减相应的额度。

最后，清洁发展机制，是《京都议定书》中唯一一个包括发展中国家的弹性机制，发达国家通过提供资金和技术的方式，与发展中国家开展项目级的合作，通过项目所实现的“核证的减排量”（Certified Emission Reduction，简称 CER），用于发达国家缔约方完成在议定书中的承诺。

这些机制既是政治行为，也是经济行为。这些机制允许发达国家通过碳交易市场等方式灵活完成减排任务，而发展中国家则可以获得相关技术和资金。

从此，“碳”成了商品、金融产品，进而衍生出一个新兴产业。到 2006 年，全球碳交易市场规模已达到 300 亿美元。2010 年 1 月 16 日在上海举行的“2010 低碳经济与期货市场论坛”上，芝加哥气候交易所主席兼首席执行官理查德 · 桑德尔大胆预言：

“未来全球二氧化碳交易市场将可达到十万亿美元，而中国在排放权交易中应该占到第一位。”

《京都议定书》具有重大的历史意义，它是人类第一份具有法律效力的关于碳排放控制的国际协议书。

然而好事多磨，谁也没有想到，从《京都议定书》被各国采纳到最终生效，竟然经历了近 8 年的漫长时间。这期间发生了很多戏剧化的历史事件。这是因为在京都谈判的时候，为了实现大目标，具体操作的细则没有出台，从而使得协议书中充满了未尽的事宜。

别斯兰的枪声

为了明确《京都议定书》的细则，在 2001 年《联合国气候变化框架公约》第七次缔约方大会上，各国在摩洛哥的马拉喀什又进行了新一轮的艰苦谈判，继续讨论《京都议定书》的具体规则问题。

会议最后取得了成果，谈判签订了《马拉喀什协定》。该协定制定了《京都议定书》机制的实施细则，只是此时，《京都议定书》对于温室气体的减排目标，已经比 1997 年通过时的要求降低了不少。

按照“共同但有区别的责任”的政治共识，京都联合国气候变化大会上将发达国家和发展中国家，分别编排进附件 I 国家和附件 II 国家，分别指《联合国气候变化框架公约》附件 I 和附件 II 所列的缔约国。《京都议定书》中规定附件 I 国家的减排义务为：到第一承诺期（2008—2012 年），附件 I 国家的温室气体减排量在 1990 年的基础上整体减排 5.2%。自 1997 年签署《京都议定书》以来，附件 I 国家虽然没有推翻达成的减排目标，但在其后的国际气候谈判中，总是通过一系列实施细则的制定，想方设法地减轻本国的减排压力。

相对于《京都议定书》，《马拉喀什协定》对附件 I 国家减排义务的规定大大弱化。《马拉喀什协定》中对附件 I 国家的温室气体减排量要求，只在 1990 年的基础上整体减排了 1.8%。其中涉及很多技术性细节，例如基年、碳汇额度等计算方式。

《京都议定书》从被各国采纳到正式生效竟长达 8 年之久，原因何在？这还得从头说起。

《京都议定书》的生效必须满足两个基本要求。第一个是必须要有 55 个参与国签署该条约；第二个是签署该条约的附件 I 国家的温室气体排放量必须达到所有附件 I 国家 1990 年总排放量的 55%。

因为有广大的没有减排义务的发展中国家存在，第一个生效要求很快就实现了，2002 年 5 月 23 日，《京都议定书》在冰岛正式获得通过，难点就落在了第二个要求上。

发达国家分为欧盟和以美国为首的伞形国家集团两大阵营。在伞形国家中，仅美国一国的碳排放量就占发达国家 1990 年排放总量的 36.1%。这意味着虽然欧洲态度很积极，但是其本身的碳排放量并不大，如果美国不签署《京都议定书》，只要还有几个国家不签署，那么该协议就会成为水中月、镜中花。

由于伞形国家三权分立的政治体制，政府签署的国际协议需要得到议会的批准，议会可以否定或搁置政府的协议。美国总统克林顿批准《京都议定书》之后，一直没有获得国会通过。

2001 年 6 月 11 日，小布什在就任美国总统后首次出访欧洲前几小时的讲话中，突然宣布退出《京都议定书》。这让欧洲方面暴跳如雷，同样愤怒的还有广大发展中国家，各国政要纷纷指责美国，一时间美国成了众矢之的。

美国之所以冒天下之大不韪作出这一决定，据小布什解释，有三个原因：一是科学界认为全球变暖的结论存在不确定性；二是必须把发展中大国例如中国纳入减排计划中，否则减排效果不明显；三是限制使用化石燃料会对美国经济造成巨大影响。

以上理由虽然有一定的说服力，但在笔者看来其背后还有更深层次的原因。

首先，美国退出《京都议定书》是源于国内政治局面的变化。美国共和党和民主党在气候变化问题上的态度向来差异很大，所以美国对待气候变化的态度与谁执政有着直接的关系。在 2001 年总统竞选期间，为赢得西弗吉尼亚等州的支持，小布什向煤炭、电力、石油和钢铁公司许下了诺言，要退出《京都议定书》，小布什当选后自然要兑现这种承诺。

共和党人对能源业有着天然的亲近感，作为美国总统的小布什则更甚。小布什家族和石油等化石能源业有着千丝万缕的联系。小布什的祖父普雷斯科特 · 布什早年就是靠石油、军火起家的，普雷斯科特 · 布什与老洛克菲勒关系密切，而小布什的父亲老布什也是石油资本家，同时是美国卡莱尔公司董事会成员、首席顾问。小布什本人也曾在1979年创办布什能源公司，与石油业有水乳交融的关系，自然对限制石油业发展的碳排放目标没有好感。

其次，气候变暖对每个国家的影响是不一样的。这与一个国家的地理位置、国土面积、生态状态、经济社会发展水平有关。一种普遍的观点是，易受气候变暖影响的国家主要分为四类：岛国与低洼海岸国家、小国、生态脆弱国家、发展中国家。美国是一个大国，具有多气候区与多生物区系，并且具备相当高的经济技术水平。因此，气候变暖对美国的影响没有那么明显。

美国学者威廉·克莱恩于1992年估测，2050年全球升温2.5摄氏度时给美国造成的损失约为620亿美元（1990年值），这约为当年美国国内生产总值的1%。一般情况下，气候对发达国家的影响为其国内生产总值的1%时，对发展中国家的影响则达到其国内生产总值的2%～6%。由此可见，气候变暖对美国造成的风险低于一般水平。

任何国家制定和实施减排措施时首先都需要考虑温室气体减排成本。受美国能源部委托的西北太平洋国家实验室（Pacific Northwest National Laboratory，简称PNNL）的研究成果显示，为达到《京都议定书》设定的7%的减排目标，美国2010年的独立减排成本可能为1060亿～1600亿美元。这一数值约为气候变暖损失（620亿美元）的1.7～2.6倍，如果考虑实施清洁发展和国际排放贸易等机制，其实际减排成本会降至500亿～600亿美元。这一结果使得美国收获甚少。

美国退出《京都议定书》并没有使人们产生绝望情绪，毕竟美国只占温室气体排放量 36.1% 的份额，还有 35%（指减去美国所占 36.1% 的排放份额和当时附件 I 国家中欧盟成员国所占的 28.7% 排放份额后约为 35%。——编者注）的剩余空间可以发挥。截至 2003 年 5 月 19 日，全球已经有 109 个国家批准了议定书，但其中仅有 39 个国家是附件 I 中所列的国家，而它们在 1990 年二氧化碳的排放量总和所占比为 43.9%，这离 55%，还有一段距离。

在美国已经表示拒绝签署京都协议的情况下，《京都议定书》的前途只有两种可能，一是就这个协议的文本重新展开谈判，这是欧盟不能答应的，因为包括时间在内的各种谈判成本太高；二是将俄罗斯拉进来，它的排放量占总量的 17.4%，只要俄罗斯同意，京都协议的第二个要求就可以满足了。这样一来，俄罗斯就令人意外地占据了非常关键的位置。

然而俄罗斯迟迟不签署协议也是有原因的。首先是弗拉基米罗维奇·普京总统上台以后，俄罗斯的经济得到了快速的发展，工业部门增长较快，要对温室气体排放实现总量控制，压力不小。其次，俄罗斯是一个能源资源大国，过于限制全球的温室气体排放，就是限制自身的经济发展。因此，2003 年 12 月，俄罗斯联邦总统首席经济顾问伊拉里奥诺夫在意大利米兰举行的一个会议上宣布，俄罗斯不会签署旨在控制全球气候变暖的《京都议定书》的现有文本，他表示《京都议定书》将对俄罗斯的经济发展造成严重的限制。

为此，欧洲和俄罗斯展开了密切的协商。当时欧洲委员会驻俄罗斯的临时代办彼·皮凯特把批准《京都议定书》作为欧盟与俄罗斯关系的核心。“胡萝卜加大棒”历来是欧洲的主要政治策略。欧盟首先用世界贸易组织作为诱饵，即把俄罗斯批准《京都议定书》与加入世界贸易组织挂钩。俄罗斯考虑到地缘政治的需要，在是否签署《京都议定书》问题上不免左右摇摆。

然而最终让俄罗斯停止摇摆，签订《京都议定书》的却是一起偶然性的校园反恐事件。这一事件在关键的时候起到了四两拨千斤的作用。

2004 年 9 月 1 日上午 9 点 30 分左右，一伙头戴面罩、身份不明的武装分子突然闯入俄罗斯联邦南部北奥塞梯共和国别斯兰市第一中学，将刚参加完新学期开学典礼的大部分学生、家长和教师赶进学校体育馆劫为人质，并在体育馆及周围地带安放了爆炸物。

随后，俄罗斯的安全部队包围了这所学校。这种紧张的对峙一直持续到 9 月 3 日下午 1 点左右。俄罗斯紧急情况部人员经绑匪同意进入学校往外运送被打死的人质尸体时，学校内响起数声爆炸声。许多人质开始外逃，绑匪随即向逃跑的人质开枪，另有几名绑匪试图混入人质中。俄罗斯安全部队立即朝绑匪开火，并随即冲进学校大楼展开解救行动，双方发生了激烈的枪战。俄罗斯特种部队解救人质的行动遭受诟病，1200 多名人质最终共有 330 余人遇难，其中包括 186 名儿童。此外，还有包括 639 名儿童在内的 958 人受伤，123 人落下残疾，26 名儿童父母双亡。

事件中有 31 名恐怖分子被击毙。死亡的人质中，一部分是被恐怖分子开枪打死的，另外一部分是被恐怖分子引爆的爆炸装置炸死以及由于建筑物坍塌而被压死的。

但随着真相逐渐被揭开，部分媒体认为，官方所说的俄罗斯特种部队因体育馆内炸弹被引爆而冲入其中的说法是不完全真实的；相反，俄罗斯安全部队似乎不顾学生和教师的生命安全，从外部发射火箭弹或迫击炮弹炸塌墙壁强行攻入的说法或许更令人信服。这次反恐行动中采取的措施，受到了来自观察者和民众组织的大量批评，随后欧盟也展开了对俄罗斯政府的指责。

西方国家本来就对俄罗斯的内政指指点点，而别斯兰事件更是从国内和国际上都给俄罗斯政府带来了巨大的压力。对于俄罗斯联邦总统普京本人而言，他当然也承受着来自各方的压力，答应签署《京都议定书》，可以帮助俄罗斯联邦政府缓解压力，尤其是来自国际上的压力。

普京总统在别斯兰事件后不久，曾经口头表示过支持《京都议定书》及与俄罗斯相关的内容。2004 年 10 月 22 日，俄罗斯国家杜马（即议会）以 334 票赞成、73 票反对，批准了《京都议定书》。10 月 27 日，俄罗斯联邦委员会（议会上院）通过《京都议定书》，并提交总统普京签字。普京 11 月 5 日在《京都议定书》上签字后，该议定书即成为俄罗斯的法律文本。

2004 年 12 月 18 日，俄罗斯正式通知联合国签署了《京都议定书》，按照条约，在超过 55% 后的第 90 天，也就是 2005 年 2 月 16 日，《京都议定书》终于正式生效。这是一个人类应该铭记的日子，标志着人类在历史上首次以法规的形式限制温室气体排放，具有历史里程碑的意义。到 2009 年 2 月，一共有 183 个国家通过了该条约，超过全球二氧化碳排放量的 61%。

别斯兰事件中车臣的极端分裂分子，恐怖主义罪恶的枪声，在客观上，不经意间推进了《京都议定书》的正式生效。

《巴黎协定》的一锤定音

全球为了共同应对气候变化已经进行了长达20余年的谈判。这漫长的谈判艰辛坎坷，多次谈判失败无功而返。

2015 年 12 月 12 日将注定载入史册。这一天，《联合国气候变化框架公约》缔约方会议第二十一次大会在法国巴黎布尔歇会场圆满闭幕，历经 13 天马拉松式的艰苦谈判之后，巴黎当地时间 12 日晚 7 时 26 分，随着时任法国外交部部长、巴黎气候变化大会主席洛朗·法比尤斯的一锤定音，196 个缔约方（195 个国家以及欧盟）的代表就共同应对气候变化通过了《巴黎协定》。协定在总体目标、责任区分、资金技术等多个核心问题上取得进展，被认为是气候谈判过程中历史性的转折点。《巴黎协定》也成为历史上首个关于气候变化的全球性协定。

在大会的闭幕全会上，各缔约方对刚刚出炉的《巴黎协定》表示积极支持并给予高度评价，其中“历史性意义”成为关键词。巴黎气候变化大会主席法比尤斯称，最终达成的气候协定既富有雄心又全面平衡，公平合理、持久有效、具有法律约束力，将体现“共同但有区别的责任”原则、公平原则和各自能力原则，并且考虑到各国国情。他表示，《巴黎协定》将成为人类历史上的重大飞跃。法比尤斯在讲话中声音一度哽咽："《巴黎协定》将让每一个国家和谈判集团的代表可以昂着头回家，集体的努力比个人的努力更加重要。面对历史，我们的责任重大。"时任联合国秘书长潘基文对大会圆满闭幕表示热烈祝贺。他在致辞中感叹"我们做到了"，对各国首脑、部长以及谈判代表在这场非常艰难的谈判中的努力表示感谢和赞赏。他说："我们在所有关键议题上都取得了扎实的结果。协议展现了全球团结精神，而且雄心勃勃、灵活、具有公信力和持久性。同时聆听到最脆弱群体的呼声，认识到将气候变化冲击降低到最低水平的重要性，这对非洲国家、小岛屿、发展中国家以及最不发达国家具有重要意义。"

根据协定，各方同意结合可持续发展的要求和消除贫困的努力，加强对气候变化威胁的全球应对，将全球平均气温升幅与前工业化时期相比控制在 2 摄氏度以内，并继续努力，争取把温度升幅限定在 1.5 摄氏度之内，以大幅减少气候变化的风险和影响。此外，协定指出发达国家应继续带头，努力实现减排目标，发展中国家则应依据不同的国情继续强化减排努力，并逐渐实现减排或限排目标。资金方面，协定规定发达国家应为协助发展中国家，在减缓和适应两方面提供资金资源。同时，将"2020 年后每年提供 1000 亿美元帮助发展中国家应对气候变化"作为底线，提出各方最迟应在 2025 年前提出新的资金资助目标。

协定为 2020 年后全球合作应对气候变化问题指明了方向和目标，确立了以国家自主贡献为核心的"自下而上"的减排或限排温室气体的模式，坚持了“共同但有区别的责任”原则，就减缓、适应、资金、技术等各要素作出了相对平衡的处理，传递了全球向绿色低碳经济转型的信号，具有里程碑意义。当然，作为196个缔约方协商一致的产物，《巴黎协定》对任何一个国家来说都不算尽善尽美，但总体看，这是一份全面、均衡、有力度的协定，体现了减缓和适应相平衡、行动和支持相匹配、责任和义务相符合、力度雄心和发展空间相协调。

巴黎峰会与会各国一致同意，每隔五年做一次进展评估，回顾成就，发现问题，确定下一步方略。

在因新冠疫情延期一年后，第二十六届联合国气候变化大会（COP26峰会，又称“格拉斯哥峰会”）于2021年10月31日在英国苏格兰城市格拉斯哥开幕。这次大会是《巴黎协定》进入实施阶段之后召开的首次缔约方大会。会议完成了《巴黎协定》实施细则谈判，达成相对平衡的政治成果文件《格拉斯哥气候公约》及50多项决议，为《巴黎协定》全面有效实施奠定了基础。

由于印度坚决反对，原协议中关于禁止煤炭使用的措辞不得不在最后关头进行了修改。几经拉锯之后，近200个缔约方的代表在修正版的《格拉斯哥气候公约》上签了字。根据联合国声明，各缔约方认可《巴黎协议》提出的“将气温上升控制在1.5摄氏度之内”的目标；承诺到2030年将全球二氧化碳排放量削减将近一半。作为最突出的成果之一，各国还同意加快减排步伐，在2022年提出新的“国家自主决定贡献”（Nationally Determined Contributions，简称NDC）排放目标，并接受一年一度的审查，确认目标完成进度。尽管许多国家在会议召开之前都宣布了“净零排放”承诺，但拿出切实减排计划的却屈指可数。除了《格拉斯哥气候公约》，本次大会的其他成就也可圈可点，包括印尼、韩国、乌克兰等煤炭大户在内的46个国家，签署了《全球煤炭向清洁能源转型的声明》。其中，发达国家承诺在2030年之前逐步淘汰煤炭，发展中国家承诺在2040年前逐步淘汰煤炭；拥有85%森林面积的100多个国家承诺，到2030年之前阻止和逆转森林和土地退化的趋势，包括“地球绿肺”巴西；90多个国家加入“全球甲烷承诺”，计划到2030年将甲烷排放减少至2020年的70%。此外，中国和美国关于加强气候行动的联合宣言，也成为本次会议的高光时刻，在日益激烈的大国博弈和全球极化中释放了难得一见的积极信号。

根据会议达成的协议，有关全球碳市场减排量互认互通的细则谈判计划将在未来两年内完成，也就是说，新的国际碳减排量交易合作市场最快能在两年后得以落地实施。尽管现在已经打通了不同机制下双边合作的可能，也打通了各种减排量市场互认互通的可能，但现阶段通过的条款仍然非常粗略，细节仍待未来二到五年内逐步细化。各种标准的碳减排指标在各国企业间流通，仍有很长的路要走。

结　语

蓦然回首，为了建立具有法律约束力的应对气候变化的国际框架，在长达30多年的时间里，人类经历了很多曲折、困难、挑战、博弈和妥协。之所以能够坚持到最后，能够达成一份以法规的形式限制温室气体排放的协议，还因为人类对未来有爱、对地球有爱。现在低碳理念妇孺皆知，首先得归功于欧洲，是它作为旗手，引领了应对气候变化挑战的潮流。从《联合国气候变化框架公约》到《京都议定书》，欧洲想尽办法，把世界各国拉进一个具有法律约束力的国际框架中来。

与其说“低碳”是在国际法的威逼之下走上历史舞台的，不如说“低碳”是在低碳经济的引诱下蓬勃兴起的。低碳经济是一块大蛋糕，世界各国为了争夺低碳时代全球经济的主导权开始了各种谋划布局，下一步，它们该怎么办?

第四章　经济蛋糕“诱”出低碳热

2008年全球金融危机爆发以来，世界经济逐渐形成了新的格局，在欧美等发达资本主义国家的经济走下坡路的同时，以中国为代表的新兴经济体，其经济影响力逐渐显现。

发达国家纷纷出台了一系列低碳发展的计划措施，以加快化解危机带来的冲击；而发展中国家也想借此机会实现鲤鱼跳龙门般的跨越式发展，缩小与发达国家之间的差距。世界各国都已经开始了对低碳蓝图的描绘。

低碳热的持久动力来源于低碳经济。低碳经济是一块巨大的蛋糕，诱惑着欧美的贵族们，也让新兴经济体垂涎三尺。欧美等国决定东山再起，但是新兴经济体也不甘示弱，它们都利用各自的优势，奋力一搏。各自的经济算盘打在一起，必然“诱”出了“低碳热”。

低碳的经济意义

人类面临的挑战是非常多的。

战争、贫困、疾病无时无刻不在困扰着人类。加沙地带、两伊地区地缘政治紊乱，战火此起彼伏，俄乌冲突至今仍未平息；非传统安全议题充斥当代国际政治博弈；非洲大地、南美难民区充满了贫困、饥饿和干旱；2020 年全球爆发的新冠疫情，夺去了超过 650 万人的生命[①]，人类至今仍然没有找到彻底应对的办法。诸如此类的例子，不胜枚举。

虽然低碳有了主流科学理论的支撑，有了强烈的环保主义思潮的力捧，有了国际法律协议的规范，但还是不能说，低碳一定就会热。因为战争、贫穷、疾病，这些挑战对人类而言，比应对气候变化，避免地球变暖，实行低碳发展，更严峻、更紧迫。

但低碳偏偏在这个时期热得如此发烫。在国际政治舞台上，低碳、气候变化已经将战争、贫穷、疾病挤到一边，成为当之无愧的主角。

在应对气候变化，实行低碳发展的历史机遇期，为了各自的经济利益，各国都抡起胳膊上阵，拼命一搏，以中国和印度为代表的“金砖国家”和它们背后更广泛的新兴经济体也参与进来了，一轮激烈的博弈就此上演。

在低碳时代，英国率先绽放光芒。2003 年，英国能源白皮

① 根据世界卫生组织发布的数据（https://covid19.who.int/），截至 2022 年 11 月 9 日下午 5：18（CET），新冠疫情已经造成 6583163 人死亡。

书《我们能源的未来：创建低碳经济》中最早提出了“低碳经济”的概念。

该白皮书对低碳经济是这样解读的：低碳经济是以低能耗、低污染、低排放为基础的经济模式，是人类社会继农业文明、工业文明之后的又一次重大进步；是继农业化、工业化、信息化浪潮之后，世界将迎来的第四次浪潮，即低碳化浪潮。低碳经济实质上是能源高效利用、清洁能源开发、追求绿色国内生产总值的问题，核心是能源技术和减排技术创新、产业结构和制度创新以及人类生存发展观念的根本性转变。从本质上来讲，低碳经济首先是一个技术创新的问题，其次才是一个经济问题，最终应归结为政治问题。

低碳经济涉及的行业领域十分广泛，主要包括低碳产品、低碳技术、低碳能源的开发利用。目前公认的低碳经济产业主要有：环保产业、节能产业、减排产业和清洁能源产业，其中涉及的污水及固定废弃物处理、余热回收发电、混合动力汽车、清洁燃煤、新能源开发利用、智能电网业务等，无疑是今后相当长一段时期里经济发展的新热点。在技术上，则涉及电力、交通、建筑、冶金、化工、石化等多个行业，以及可再生能源及新能源、煤的清洁高效利用、油气资源和煤层气的勘探开发、二氧化碳捕获与埋存，以及其他有效控制温室气体排放的新技术。

英国提出低碳经济概念，揭开了世界经济新一轮博弈的序幕。英国前首相安东尼·布莱尔在能源白皮书序言中直白地表述了发达国家通过低碳经济重塑经济竞争力的战略考虑：“在未来引领新的、低碳的经济发展道路上，将是我们（英国）在燃料电池、海上风能、潮汐发电等未来关键技术上成为世界领袖的重大机遇。”

与此同时，欧盟则明确把以新能源产业为主的低碳经济视为一场“新的工业革命”。美国人也从世界产业革命的历史中总结，低碳经济中的新能源产业将是第四次产业革命的引领者。

在2008年金融危机中受到重挫的美国和欧洲各国，已经开始不失时机地寻找新经济增长点。奥巴马上任伊始就在“美国复兴和再投资计划”中，把发展新能源作为投资的重点，特别是高效电池、电网改造、碳储存和碳捕获、可再生能源等，意图通过新经济增长点规划来振兴美国经济，创造更多的就业机会。拜登政府更是将气候危机置于美国外交政策和国家安全的核心，执政之后第一时间重回《巴黎协定》，明确提出2050年碳中和目标，制定2万亿美元气候行动计划，全方位推行“绿色新政”。

如果把低碳经济比喻为一场跑步比赛，那么中国的起跑是在2006年。那年年底，中国科技部等六部委联合发布中国第一份《气候变化国家评估报告》，首次提出应对气候变化、发展低碳经济。2007年的亚太经济合作组织会议上，中国国家主席胡锦涛明确提出“发展低碳经济”。2010年7月，国家发改委发布《关于开展低碳省区和低碳城市试点工作的通知》，确立了包括广东、辽宁、湖北、陕西、云南、天津、重庆、深圳、厦门、杭州、南昌、贵阳、保定等5省8市为首批低碳试点，这一举措也正式将低碳经济引入城市范畴。2022年10月，党的二十大报告明确了到 2035 年中国发展的总体目标，其中之一是“广泛形成绿色生产生活方式，碳排放达峰后稳中有降，生态环境根本好转，美丽中国目标基本实现”。党的二十大报告还提出，积极稳妥推进碳达峰、碳中和。低碳经济在中国全面加速化，从新能源公交车、新能源出租汽车到遍布城市各处的共享单车，低碳经济如雨后春笋般深刻影响着我们的生活、重塑着中国的社会面貌。

世界经济新格局

哈佛大学校长劳伦斯·萨默斯，是美国前总统克林顿任内的财政部部长，也是前总统奥巴马的经济顾问。2006 年 1 月，他在达沃斯世界经济论坛上说：“中国与印度的崛起有可能与文艺复兴和工业革命并列成为过去一千年里的三大重要经济事件。”

萨默斯的话未免有点夸张，但却描述了一个不争的事实，那就是在过去的 30 年间世界经济格局发生了翻天覆地的变化，主要表现为以中国和印度为首的新兴经济体的突飞猛进。

自工业革命以来，世界经济第一把交椅几度易主，最初，这一宝座一直被欧洲国家占据着，先是西班牙、葡萄牙和荷兰，后是英国、法国和德国。从 18 世纪后半叶的英国工业革命开始到 20 世纪中叶，欧洲一直以一种影响极其深远的方式塑造着世界历史。

第一次世界大战之后，欧洲各国的地位日益衰落，到第二次世界大战后更是急剧下降，从此美国成为世界的霸主。在世界经济版图上，中国的地位直到 1978 年才开始发生质的转变，中国在改革开放的 30 年中，用年均高达 9.5% 的国内生产总值增长速度不断改写着自己的经济总量。1978 年中国只有 2000 多亿美元的国内生产总值，到 2021 年已增长至 115 万亿美元，占世界国内生产总值总量比重的 18%。世界银行此前也曾作出表态，表示中国作为一个主要经济体，经济持续增长速度是历史上最快的一个，如今已经成为全球主要经济体中的第二位，并且表示中国的经济体量在 2030 年将会成功超越美国。

和中国一起崛起的还有印度、俄罗斯、巴西这三个国家。高盛集团全球首席经济学家吉姆·奥尼尔，在 2001 年 11 月 20 日发表的一份题为《全球需要更好的经济之砖》的报告中，将上述四个国家称为“金砖四国”（BRICs）。因为用这四个国家的第一个字母合成后的单词，发音与英文中的“砖块”（bricks）一词非常相似，故被称为“金砖四国”。

三十年河东，三十年河西，风水轮流转。在新兴经济体高速发展的同时，以美国为代表的西方发达国家，一直都呈现衰退的趋势。欧洲的石油危机、日本的资产泡沫危机、美国的互联网泡沫破灭接踵而至，2008 年，由美国次贷危机引起的全球金融危机，又一次把它们冲击得天昏地暗。

美国次贷危机是从 2006 年春季开始逐步显现的。因为次级抵押贷款机构破产、投资基金被迫关闭、股市剧烈震荡致使全球主要金融市场出现流动性不足，2007 年 8 月，金融风暴开始席卷美国、欧盟和日本等世界主要金融市场。

金融危机让拥有 156 年历史的雷曼兄弟破产了，让美国华尔街的众多金融金领失业了，让纳斯达克前主席麦道夫制造出了美国历史上最大的金融诈骗案。随着美国经济实力的大幅下降，以前那个独断专行的领袖，现在要开始看其他国家的脸色行事了。

国际四大会计师事务所之一的普华永道会计师事务所在次贷危机发生后作出预测，到 2050 年，在经济规模上，巴西将超过日本，俄罗斯、墨西哥和印度尼西亚等经济体甚至还将超过德国、法国和英国。

2020 年发生的新冠疫情对西方世界又是一记重创，全球经济格局再次遭遇大洗牌。按照英国“经济与商业研究中心”(CEBR)预测，以美元计算，中国将在 2030 年成为世界头号经济体。报告称，尽管中国是最先受到疫情冲击的国家，但中国比任何国家都更早地回到了经济恢复的道路上。

如果没有新的游戏规则的改变，没有新的经济发展方式的出现，欧美等国在未来世界中可能会被边缘化。

在这一过程中，新世纪以来的全球化进程进入深度调整阶段，全球产业链正在进行新的重构和调整。2016 年以来，发达国家内部出现比较明显的反全球化浪潮，经济民族主义抬头，“脱钩”与“战略自主”成为欧美发达国家的战略重点，重新抬头的资源民族主义或许会成为一种长期现象。

特别是在疫情全球范围暴发后，世界各国普遍受到严重冲击，基于对安全的评估，多国采取边境、贸易等限制措施，严重干扰全球产业链、供应链和分销网络，一度造成严重的“断链”风险。

出于保证供应链的安全和弹性以及分散风险的考虑，各国企业采取缩短供应链、扩大库存等方式应对疫情带来的不确定性，并且纷纷加快产业回流的战略部署，原先基于效率优先的国际分工和专业化的全球产业链布局模式将调整，转向在追求效率的同时兼顾产业链供应链安全和韧性以及自主可控，全球产业链重构和调整呈现产业链区域化、短链化、备份化趋势。

新的未来经济格局中，全球产业链、供应链更可能在全球不同地区区域化或集群化生产，如在美洲、欧洲、亚洲、非洲等地域聚集成垂直整合的产业链集群，既能实现全球的水平分工，又能实现垂直整合的生产关系。

新兴经济体的心思

欧美国家想借低碳经济重新拉开与新兴经济体的距离，形成相对优势，而新兴经济体想通过低碳经济实现拉近或者超越欧美国家的目的。

新兴经济体国家突出的特点就是人口众多，发展起步比较晚，单位国内生产总值能耗高，生产方式落后，导致新兴经济体国家的经济发展血液——能源供应将出现严重不足的问题。

以中国为例，煤炭与石油是中国目前最大的能源来源。2022年9月，自然资源部发布的《中国矿产资源报告2022》显示，截至2021年底，中国煤炭资源储量为2078.85亿吨，石油、天然气剩余探明技术可采储量达36.89亿吨、63392.67亿立方米。[①]据国家统计局和中国海关总署的数据，2014—2020年，中国原油消费量稳步提升。由于中国拥有全球最多的人口，因此每年对于石油的需求量极高。多年以来，中国油气对外依存度持续快速攀升。

正如物理学家史蒂芬·霍金所说："地球进化史持续了50亿年，人类文明从开始到现在顶多20万年。可我惊恐地发现，在这20万年，人类已将地球50亿年内积攒的资源耗掉了一半！"

这种高耗能的发展方式在新兴经济体中具有普遍性，使得它们承受着巨大的能源压力，也迫使它们考虑转变经济发展方式，走低能耗的低碳发展之路。可以说，不管欧美国家打的什么主意，低碳阴谋论是否真实，新兴经济体都应该而且只能选择低碳经济发展这条道路。

在传统产业方面，新兴经济体与欧美国家还是有巨大的差距的，这种差距不是一朝一夕可以改变的。尽管中国在2009年成为世界第一汽车大国，但在汽车核心技术方面，中国还是和欧美国家有着不小的差距。

但在低碳技术方面，由于大家起步时间相差不远，新兴经济体与发达国家的差距远没有传统技术那样大，有的方面甚至与发达国家处在同一条起跑线上。因此，在低碳技术前沿的竞争中，中国存在弯道超车的可能。世界股神巴菲特之所以持有中国的比

① http://www.coalresource.com/news/4661624/info.

亚迪股票，就是看中其在新能源汽车上的世界领先水平。

在低碳技术发展方面，中国的高速铁路技术是一个“师夷长技以制夷”的成功案例。高速铁路是典型的低碳产业，高速铁路技术是重要的低碳技术。小汽车和航空的能源消耗大、占地面积大而运量小：如高速铁路能耗为 1，则小汽车为 5.3，飞机为 5.6；一条双向四车道高速公路的占地面积是复线高速铁路的 1.6 倍；一个大型飞机场的占地面积相当于建 1000 公里复线高速铁路。在运量方面，以日本东海道新干线为例，该线路年运量为 1.7 亿人次（46.6 万人次 / 日），运能是航空的 10 倍、高速公路的 5 倍，但运输成本只是航空的 20%、高速公路的 40%，高速铁路的社会运输成本最低。美国以占世界 5% 的人口，消耗了全球 26% 的能源，很大程度上就是其交通运输结构不合理所致。

高速铁路是一个更大的市场。根据中国《中长期铁路网规划》，到 2030 年，远期铁路网规模将达到 20 万公里左右，其中高速铁路 4.5 万公里左右[①]，年均增速达 2% 左右。高速铁路行业以前一直为欧洲、日本和北美的少数企业主导，如德国西门子、法国阿尔斯通、加拿大庞巴迪以及日本川崎重工等。改变发生在 2004 年，即中国铁道部作出引进德国和法国等国外高速列车的决定起，到 2022 年，中国已经从“引进、消化、吸收”的起步阶段，进化到向外输出阶段。中国高铁经过近几年的发展，已经完全具备走出去的技术实力，中国高速铁路扮演着高速铁路行业

---

① http://www.gov.cn/xinwen/2016-07/22/content_5093566.htm

黑马的角色，高速铁路核心技术也成为中国企业参与国际竞争的重要资本。

高速铁路技术的高低，不仅取决于铁路技术，还取决于工务工程、通信信号、牵引供电、车辆制造等多方面的技术水平。中国高速铁路技术是整体统一引进，通过消化、吸收、再创新，形成了自己的一套技术体系。可以整体技术打包出口，这一点其他国家都做不到。中国高速铁路技术层次比较丰富。经过六次大提速，普遍最高时速可达350km/h。

2010年1月27日，在美国总统奥巴马发表任期第一年的《国情咨文》中，中国有一个产业被提到，那就是高速铁路。他以中国为例，强调建设高速铁路的重要性。他说："从第一条跨州铁路的诞生，到州际高速公路系统的建成，我们的国家向来走在世界前列。我们没有理由让欧洲和中国拥有最快的铁路……"

中国高速铁路技术高、成本低。中国铁路建设成本比其他国家低20%左右，这点使中国高速铁路具备了非常好的竞争优势。在这一基础上，中国高速铁路开始"走出去"，去瓜分世界高速铁路巨大的蛋糕。目前，中国已经成立了中美、中俄、中巴、中沙、中委、中缅、中吉乌、中波、中印等境外高速铁路合作项目协调组。

高速铁路技术，无疑是中国利用低碳经济发展的一个成功案例。但这背后，更是市场换技术的成功案例。当年，法国、日本的公司并不太想将高速铁路的技术转让给中国，这背后，市场起到了重要的作用。由于中国拥有庞大的高速铁路市场，所以这些欧美公司答应了转让技术。

在低碳经济时代，新兴经济体由于二氧化碳排放量这些年来直线上升，在世界二氧化碳排放的名次上刷刷地往上走，中国成为世界的老大，俄罗斯成为世界的老三。

高额排放量意味着世界低碳经济的市场所在，得市场者得天下。新兴经济体自身拥有的巨大低碳经济市场，必然会给其发展低碳经济、推进低碳产业一个非常好的市场空间。这对于培育、转化低碳技术和产品而言，是一个优势明显的利好。

当然，所有的这种逻辑和盘算都建立在一个基础上，那就是世界关于低碳的游戏规则。低碳经济是一个技术问题，或是经济发展模式问题，但低碳经济的背后，是和《联合国宪章》、关贸总协定一样，是规制世界发展新格局的又一个新规则。

低碳这种规则比《联合国宪章》、世界贸易组织的规则更复杂，谈判的过程更艰巨。这从欧洲为旗手提出碳减排到《京都议定书》的签署这一漫长过程，就可见一斑。《联合国宪章》是国际社会经过人类多年的相互残杀，特别是第一次和第二次世界大战的洗牌才达成了共识。世界贸易组织规则是在200多年工业文明发展过程中逐步形成的，是市场经济发达国家主导的，现在还在完善之中。

低碳经济规则最核心的问题就是要用划分环境容量的形式，瓜分世界上越来越少的化石能源资源，其最根本的措施就是发展低碳经济，或者说高效地利用有限的化石能源。换言之，这个规则是规制世界上各个国家、企业和个人利用化石能源的权利的原则和法律。因此要成为全世界共同尊重和遵守的法律，还需要旷日持久的谈判。

新兴经济体在过去的发展中，失去了参与制定《联合国宪章》、世界贸易组织的规则等一些关系国家根本利益的国际大法的历史机遇。此刻，有关世界新格局的规则即将出台，新兴经济体一定会主动参与制定，并且成为重要的一方，在实现发展目标的同时，控制温室气体的排放，实现减排与发展的双赢。

低碳蓝图

未来经济竞争是低碳的竞争，谁能超前作出部署，谁就将在未来经济竞争中赢得先机。为了抢占低碳经济发展的制高点，世界各国都已经制订并出台了一系列详细而富有操作性的低碳发展计划，主要表现在通过立法和资金投入，促进传统高碳产业改造和低碳技术创新，推动可再生能源与新型清洁能源的发展，广泛应用市场机制与经济杠杆，加强国际范围内的减碳协作等方面。

低碳发展已经是大势所趋，世界各国纷纷追捧“绿色经济”。英国是最早提出“低碳”概念并积极倡导低碳经济的国家。2003年，英国政府在能源白皮书《我们能源的未来：创建低碳经济》中明确指出，在全球气候变化的背景下，需要通过改进英国的能源结构，鼓励发展更加清洁、智能和可靠的能源系统，同时明确了其低碳经济的发展目标：计划到2010年二氧化碳排放量在1990年的水平上减少20%，到2050年减少60%，到2050年建立低碳经济社会。

2008 年 11 月，英国议会通过了《气候变化法案》，明确承诺到 2020 年，削减 26% ~ 32% 的温室气体排放。该法案设立的气候变化委员会（Committee on Climate Change，简称 CCC），旨在确保英国达到减排目标并进行独立评估，同时要求政府每 5 年编制一份气候变化风险评估报告（Climate Change Risk Assessment，简称 CCRA），通过制定具有法律约束力的“碳预算”，到 2050 年分阶段实现碳中和。

2009 年 7 月 15 日，英国发布了《英国低碳转换计划》和《可再生能源战略》，这是继出台《气候变化法案》之后，英国政府绿色新政的又一动作，是发达国家中应对气候变化最为系统的政府白皮书，这也标志着英国成为世界上第一个在政府预算框架内特别设立碳排放管理规划的国家。

2014 年，英国出台能源节约计划（Energy Saving Opportunity Scheme，简称 ESOS）生效，要求大型企业至少每 4 年对能源使用和能源效率进行一次强制性评估。此外，英国政府还通过开展气候变化行动，在地方推进碳框架试点，由地方政府在专业机构指导下制定低碳目标和方法。在测量低碳经济发展情况方面，英国跳脱传统行业划分标准（Standard Irdustrial Classification 2007，简称 SIC 2007），依据低碳经济的定义，按照人口行业分布、低碳部门服务延伸等要素自下而上制定统计准则，为了解和分析低碳经济发展情况提供了扎实的数据支撑。

2019 年，英国再次发布《绿色金融战略》，突出强调了金融对绿色发展的重要意义，制定了宏观层面的绿色金融发展目标与路线图，为实现金融绿色化转型提供指引。2020 年，英国宣布将发行全球第一只绿色主权债券计划，并预计到 2025 年成为全球第一个与气候相关财务信息披露工作组（Task Force on Climate-Related Financial Disclosure，简称 TCFD）一致并强制披露的国家。

上述系列措施取得了显著成效，英国的二氧化碳排放量自 1973 年实现“碳达峰”后整体保持下降趋势。2019 年的二氧化碳排放量仅为最高峰时的 56.6%，已连续 7 年下降。同年，英国低碳和可再生能源经济部门的营业额达 426 亿英镑，并吸纳了大量就业人口。

德国作为欧洲经济实力最强的国家，其发展低碳经济的重点是发展生态工业。2009 年 6 月，德国公布了一份旨在推动德国经济现代化的战略文件。在这份文件中，德国政府强调生态工业政策应成为德国经济的指导方针，主要包括六个方面的内容：严格执行环保政策，制定各行业能源有效利用战略；扩大可再生能源使用范围，可持续利用生物质能，推出刺激汽车业改革创新措施，实行环保教育、资格认证等。为了实现从传统经济向绿色经济转轨，德国除了注重加强与欧盟工业政策的协调和国际合作之外，还不断增加政府对环保技术创新的投资，并通过各种政策措施鼓励私人投资。德国政府希望通过募集公共和私人资金，建立环保和创新基金，以此推动绿色经济的发展。

2013 年，德国政府全方位加快德国骨干输电网建设，推出了一项前所未有的新政策：德国环境部、经济部和德国四大输电网公司就民众投资参与新电网建设事项达成共识，并在柏林签署了协议。按照协议，德国民众可以投资入股德国四条新建的骨干高压直流电网建设，并可得到最高 5% 的派息，居住在电网扩建路线附近的民众将得到优先入股权。这项政策对金融和投资市场的影响几乎是核弹级的，因为当时欧洲央行已经对基准利率一降再降，已经到达 0.5% 的历史最低位，而德国市场上通常的 10 年期住房贷款利率也不过才 2%。5% 的利息所带来的绝不仅仅是经济上的吸引，更重要的是提高居民对电网建设的认同度。

2021 年，德国进一步提高减排目标，前总理默克尔在自己执政生涯的尾声明确表示：2030 年德国温室气体排放较 1990 年减少 65%，高于欧盟减排 55% 的目标，实现净零排放的时间也从 2050 年提前到 2045 年。这一表态让德国成为首个进一步提高 2030 年减排目标的欧盟成员国，德国计划实现净零排放的时间也是二十国集团中最早的。

法国的绿色经济政策的重点是发展核能和可再生能源。2008 年 12 月，法国环境部公布了一揽子旨在发展可再生能源的计划，这一计划有 50 项措施，涵盖了核能、生物能源、风能、地热能、太阳能以及水力发电等多个领域。除了大力发展可再生能源之外，2009 年，法国政府还投资 4 亿欧元，用于研发清洁能源汽车和“低碳汽车”。

2015 年，法国政府首次提出“国家低碳战略”，正式建立碳预算制度。该战略在 2018—2019 年得以修订，调整了 2050 年温室气体排放减量目标，从原来比1990年减少75%改为碳中和。2020年4月21日，法国政府以法令形式正式通过该预算。与“国家低碳战略”相辅相成的是，法国在2015年8月通过了《绿色增长能源转型法》，依法构建法国国内绿色增长与能源转型的时间表。此外，法国政府在过去几年还制定并实施了《多年能源规划》（Programmation Pluriannuelle de l'énergie，简称PPE）、《法国国家空气污染物减排规划纲要》等，为实现节能减排、促进绿色增长提供有力的政策保障。

在欧盟成员国以外，应对全球气候变化的另一个重要角色是美国。新世纪以来，美国的低碳发展主要出现在民主党政府任内。2008年奥巴马执政后，对发展低碳经济的态度相较往届总统有较大改变，自奥巴马签署以发展新能源为主要内容的经济刺激计划以来，美国政府在短短半年内动作频频：加大对新能源领域的投入，制定严格汽车尾气排放标准，出台《美国清洁能源和安全法案》……外界将此视为奥巴马的“绿色新政”。

奥巴马“绿色新政”的主要内容包括：（1）对传统能源，到2030年将石油消费降低一半，至少减少35%，这样每年节省因进口石油而支付的数千亿美元。同时，帮助汽车产业转型。给每位纳税人“紧急退税”1000美元，以补贴国民因油价上涨造成的损失。（2）支持新能源，未来10年，投资1500亿美元建立“清洁能源研发基金”，用于太阳能、风能、生物燃料和其他清洁可替代能源项目的研发和推广，为使用此类能源的企业提供250亿～450亿美元的税收优惠，有助于增加500万个就业岗位。

未来3年内增加可再生能源产量1倍，2012年占发电比例由目前的8%提高到10%，2025年增至25%。（3）节能和效率。一是燃料效率，未来18年，燃料利用效率至少要提高1倍。二是提高汽车能效，动用40亿美元政府资金，支持汽车制造商重组和改造，引进新型材料、新引擎、新技术，生产更节能更高效的混合动力车，到2015年使节能车销量达到100万辆。三是提高建筑物能效。未来3年内将对大部分联邦政府建筑进行改造，10年内将现有建筑物能效提高25%，2030年将能效提高50%。面对世界能源危机和气候变化，推动“绿色能源计划”将成为美国政府摆脱经济衰退，抢占新能源制高点，巩固美国霸主地位的重要途径。

2009年6月26日，奥巴马的《美国清洁能源和安全法案》在众议院激烈的争吵声中，最终以219票赞成、212票反对的微弱优势获得通过。该法案规定的美国温室气体减排目标为：到2020年，美国温室气体排放量最少要比2005年减少17%，到2050年减少83%。这对美国意义重大，该法案旨在降低美国温室气体排放、减少美国对外国石油依赖。

这一长达1300多页的法案还引入名为“总量控制与排放交易”的温室气体排放权交易机制。根据这一机制，从2012年开始，美国发电、炼油、炼钢等工业部门的温室气体排放配额将逐步减少，超额排放需要购买排放权。

法案还允许各企业通过植树、保护森林等手段抵消自己的温室气体排放。法案要求，到2020年，美国电力生产中至少15%

为太阳能、风能、地热等清洁能源，另有 5% 通过节能措施减少能源消费，两项相加必须达到 20%。

法案要求投资 1900 亿美元用于发展新的清洁能源技术和提高能源使用效率，包括可再生能源、碳捕获和碳隔离、电动和其他先进技术交通工具、基础科学研发等。法案还批准每年投资 10 亿美元供新建立的燃煤发电站进行碳捕捉。

此外，法案还要求 2012 年后新建成的建筑的能效要提高 30%，2016 年后新建成的建筑的能效需提高 50%。为了帮助低收入家庭应对能源价格上涨，法案要求对这些家庭提供退款。《美国清洁能源和安全法案》具有较强的可操作性，是美国政府首次向国际社会作出温室气体减排承诺，标志着美国迈出了应对气候变化的重要一步。

拜登政府成功交接了奥巴马的“绿色新政”。早在 2019 年 6 月，拜登在总统竞选活动中便提出一项 1.7 万亿美元的能源和环境政策计划，旨在于 2050 年实现美国温室气体净零排放。该提案包含了“绿色新政（Green New Deal）”立法提案中的部分要素。拜登计划取消对化石燃料的补贴；停止发放新的公共土地和水上油气开采许可；加强《清洁空气法》的落实；提升燃油经济性标准，促进向电动汽车产业转型；控制甲烷排放；为家电和建筑制定更积极的能效标准。拜登还在进入白宫的第一天重新加入《巴黎协定》，并呼吁“进行重大外交努力，以提高各国的气候目标”。为了对没有履行气候义务的国家施加压力，拜登还呼吁从未达到目标的国家进口的商品征收“碳调节费”。该计划得到了化石燃料行业的大力支持。

然而现实的骨感远远超过了理想的美感。自拜登执政以来，“绿色新政”举步维艰，拜登的“重建更好未来”法案中有一笔有史以来最大的气候投资，用以解决气候变化和气候相关问题，重中之重是计划投入5550亿美元，通过扩大绿色能源项目税收抵免，减少全美碳排放。然而截至2021年1月，该法案在国会屡屡受阻，完全看不到通过的可能。拜登在竞选时承诺要让美国摆脱对化石燃料的依赖，并加快建设清洁能源设施。然而，2022年7月，根据行业组织美国清洁能源协会（American Clean Power Association，简称ACP）发布的统计数据，美国2022年二季度清洁能源安装量较2021年同期下降了55%，[①] 这是自2019年三季度以来，该国清洁能源新增产能最低的一个季度。其中，太阳能部署比去年同期减少了53%，陆上风电减少了78%，美国新增可再生能源降至近3年来的最低水平。这标志着拜登政府推进绿色转型受到了明显阻力。

与之相伴的是，100年来首次提高联邦土地石油和天然气租赁费用的计划、向石油和天然气公司收取甲烷污染费的计划，以及用于帮助该行业降低甲烷排放的7.75亿美元拨款都将被取消。

世界各国向低碳经济转型的目标相同，发展战略与行动却各有千秋。日本是《京都议定书》的诞生地。根据2008年日本提出的“福田蓝图”，其减排长期目标是到2050年温室气体排放

① https://finance.eastmoney.com/a/202207272462135452.html.

量比目前减少 60% ~ 80%，把日本打造成为世界上第一个低碳国家。作为世界重要经济体，日本是世界上主要的能源消费大国。近几年来，日本不断研发的新能源技术使能源利用效率大幅度提高，新能源开发利用呈现出扭亏为盈的倍增趋势，大大降低了对传统能源的依赖程度。日本正谋求着从“耗能大国”到“新能源大国”的转变。

与美国一样，日本也积极展开低碳经济的立法工作。日本碳排放总量位列全球第五，总量上减排压力较小，人均排放仍有改善空间。根据联合国《2020 年排放差距报告》数据，日本碳排放量占全球比重约为 2.8%，总排放量远低于中国、美国、印度、俄罗斯，节能减排压力较小，但人均排放仍高于中国、欧盟国家和印度。2008 年 7 月，日本政府选定了横滨、九州、带广市、富山市、熊本县水俣、北海道下川町等 6 个不同规模的城市作为“环境模范城市”，以表彰和鼓励它们积极采取切实有效的措施防止温室效应。此外，重启太阳能鼓励政策将是日本经济转型中的核心战略之一。2009 年，日本首次把发展太阳能正式列入日本经济刺激计划，足见太阳能能源的受重视程度。2009 年 4 月，日本政府公布了名为《绿色经济与社会变革》的政策草案，目的是通过实行削减温室气体排放等措施强化日本的绿色经济。2009 年 5 月，日本正式启动支援节能家电的环保点数制度，通过日常的消费行为把节能环保固定为社会主流意识，集中展示绿色经济的社会影响力。2020 年 10 月，日本首相宣布 2050 年日本将实现碳中和目标，同时将 2030 年温室气体排放量较 2013 年减少

46%。据日本环境省 2021 年数据显示，日本温室气体排放总量 2013 年已达峰值，此后连续多年下降，其中二氧化碳排放 2019 年已降至 12.13 亿吨。随着日本国内经济增长放缓，人口出生率下降，预计日本温室气体排放量难以再次增长，后续低碳发展重点将聚焦实现碳中和目标。

巴西是生物燃料业发展的先锋，也是当前生物燃料业发展较为成功的范例。作为世界上最大的甘蔗种植国，巴西每年甘蔗产量的一半用来生产白糖，另一半用来生产乙醇，代替汽油作为机动车行驶的燃料。此外，巴西还出台了相应的鼓励政策与措施。

近年来，由于过高的汽油价格和混合燃料汽车的推广，巴西燃料乙醇工业得到了长足的发展，如今与其他竞争燃料相比，其燃料乙醇在价格上已具有竞争性。除了燃料乙醇外，巴西政府于 2004 年颁布了有关使用生物柴油的法令，规定在 2007 年前允许柴油批发商在柴油中添加一定比例的生物柴油；从 2008 年起，全国市场上销售的柴油必须添加 2% 的生物柴油；到 2013 年添加比例应提高到 5%。

此外，巴西还出台了相应的鼓励政策与措施。从 20 世纪 70 年代开始，巴西政府十分重视对绿色能源的研究。巴西政府还通过补贴、设置配额、统购燃料乙醇以及运用价格和行政干预等手段鼓励民众使用燃料乙醇。随着各国对燃料乙醇兴趣的日益高涨，巴西政府已经制定了燃料乙醇生产计划。

2021 年，印度温室气体排放量位居世界第三。长期以来，印度一直抗拒设定一个具体的减排目标，曾称更重要的是“制定减少碳排放的途径，避免全球气温的危险上升”。印度还表示发达的工业化国家需要承担更多的责任,因为他们对碳排放负有“历史责任”。2007年，印度首次作出承诺，2050年前人均温室气体排放量不会超过发达国家。2007年6月，印度政府成立了由总理查兰·辛格直接领导的高级别环境顾问委员会，以协调和评估此前由各部出台的一系列减排政策。2008年,委员会推出了“应对气候变化全国行动计划”，包括太阳能、能源效率、可持续居住、水、喜马拉雅生态环境、植树造林、可持续农业和应对气候变化八个领域。

但从实际执行情况来看，印度拒绝响应设立净零碳排放目标的呼吁，碳排放进展也不及预期。如在2015年，印度承诺到2022年将其风能、太阳能和其他可再生能源的发电量增加5倍，达到175吉瓦，但直到2021年9月，才达到100吉瓦左右；印度曾多次表示，要让森林覆盖其1/3的国土面积，但从未给出具体的时间表；印度还曾表示，到2030年，将种植足够多的树木，以从大气中吸收25亿~30亿吨二氧化碳，但根据全球森林观察（Global Forest Watch）的数据，在2001年至2020年期间，印度损失了5%的森林覆盖。

2021年格拉斯哥峰会期间，印度直至会前最后阶段仍然坚定地表示，将拒绝承诺碳排放净零目标。但在会议期间，印度总理莫迪出人意料地表示，到2070年，印度将实现碳排放净零的目标。他同时表示，到2030年，印度50%的电力将来自于可再生能源；在2020年，印度可再生能源的占比约为38%；2030年底，印度的非化石燃料（可再生能源）发电产能目标，将从450吉瓦提高至500吉瓦，并将致力在2030年将碳强度（即单位GDP的二氧化碳排放量）降低45%，而之前印度设定的目标为35%。

至于中国，后文将有详细的叙述。

结　语

世界各国实现低碳的目标和办法看上去大同小异，主要集中在技术投入、立法、设立减排目标上，但这背后，还是有着具体内容上的巨大不同。世界各国都在扬长避短,发挥自己的比较优势,力争能够在低碳经济这块大蛋糕中,分得一块,争取利益的最大化。

低碳首先是经济问题，其次才是政治问题。尽管各自的目的不一定相同，但都发现发展低碳经济是大家都能接受的载体。于是，世界各国都非常默契地大力呼吁低碳，低碳就此开始全面地、真正地“热”起来了。

低碳没有人们想象中的那么简单，虽然世界各国都认同低碳是未来的发展方向，但是低碳发展的道路可谓困难重重，下一篇的中心主题就是：“低碳为何这么难？”在上篇对“低碳为何这么热？”进行全面扫描之后，本书的中篇致力于从国际政治、科学理论、能源经济等角度描述低碳发展过程中的真实困境，并将具体回答这一问题：“低碳为何这么难？”

中篇

低碳为何这么难？

低碳发展不是一蹴而就的事情，虽然全世界都在呼吁要建设低碳社会，但是低碳这一美好的愿景在付诸实践的道路上却总是磕磕绊绊。其中的阻力，从哥本哈根世界气候变化大会就可窥一斑而知全豹。一言以蔽之，低碳是一场利益博弈。

国际社会巨大的利益分歧、气候理论的不确定性、人类对化石能源的依赖和新能源的巨大成本等，都使得全球应对气候变化、发展低碳经济困难重重。

虽然面对低碳，人们有各种声音，但低碳毕竟代表了一种主流的方向，低碳对环境保护、科技进步、人类经济发展方式的转变有巨大的推动作用，所以说面对低碳，人类唯有迎难而上，别无选择。

第五章　哥本哈根：一部悲剧大片

有人说，2009 年哥本哈根世界气候变化大会是一次人类政治外交博览会，但是看起来更像是一场闹剧，如果深入其中，你会发现这是一场悲剧。群强舌战、暗流汹涌的大会现场，让人们知道这其实就是一个利益博弈的舞台，世界各国合纵连横，形成了欧盟、伞形国家、基础四国三足鼎立的势态。在实行单轨制还是双轨制的问题上，中美针锋相对，谁也无法说服对方，而从天而降的“丹麦提案”更是引起了各国一片哗然，由于在具体的温室气体减排目标的问题上各国分歧很大，《哥本哈根临时协议》最终沦为一纸空文。这一寄托了全人类梦想的会议在纷纷扰扰的争吵声中，戏剧性地走到了不了了之的尽头。哥本哈根世界气候变化大会除了给人们带来伤痛以外，也预示了未来低碳发展道路的艰辛坎坷。

巴厘路线图

本书上篇从理论、现象、社会、国际法、经济等角度对低碳热的缘由作了一个全方位的剖析，也许很多人会认为低碳会浩浩荡荡、一往无前，在世界各国蓬勃发展。但理想是美好的，现实却很残酷，低碳热现象本身更多的是口号、形象工程、概念秀，离真正的目标还很遥远。

低碳发展的道路并不平坦，主要有国际社会巨大的利益分歧、气候理论的不确定性、化石能源的两面性等阻碍着低碳前进的脚步。

要想更深刻地理解低碳热，见证低碳现实与理想冰火两重天的强烈反差，看看哥本哈根世界气候变化大会这场曲折、精彩而又充满悲剧色彩的“大片”就一目了然了。2009 年，从哥本哈根到新德里，从华盛顿到北京，北半球的很多地方都经历了几十年来少有的寒冷天气；与此同时，围绕气候变化问题的国际斗争进入了白热化阶段。室外寒风暴雪，室内热战正酣，而在此之前，首先要对这次全人类极度关注的会议的背景，尤其是“巴厘路线图”，有一个全方位的了解。

《京都议定书》自 2005 年 2 月开始正式生效，但《京都议定书》在 1997 年签订的时候，只规划到 2012 年的目标，而以后的目标则尚未涉及。于是 2007 年 12 月 3 日至 15 日，《联合国气候变化框架公约》第 13 次缔约方大会在印度尼西亚巴厘岛举行，此次会议启动了加强《框架公约》和《京都议定书》全面实施的谈判进程，着重讨论了“后京都”时代的问题，即在《京都议定书》第一承诺期于2012年到期后，如何进一步降低温室气体排放的问题。2007年12月15日，为期13天的会议最终通过了“巴厘路线图”。

“巴厘路线图”共有13项内容和1个附录，其中主要有两大亮点。

第一个亮点是，把美国纳入进来。由于拒绝签署《京都议定书》，作为发达国家美国应如何履行应尽义务一直存在着疑问。“巴厘路线图”明确规定，《框架公约》的所有发达国家缔约方都要履行可测量、可报告、可核实的温室气体减排责任，终于把美国纳入其中了。

第二个亮点是，为下一步落实《框架公约》设定了时间表。“巴厘路线图”要求有关的特别工作组在2009年完成工作，并向《联合国气候变化框架公约》第15次缔约方会议递交工作报告，这与《京都议定书》第二承诺期的谈判完成时间一致，实现了“双轨”并进。

根据“巴厘路线图”，世界各国必须致力于在2009年底前完成《京都议定书》第一承诺期在2012年到期后，全球应对气候变化问题的新安排的谈判，并签署有关协议。因为有了这种时间上的安排，使得哥本哈根世界气候变化大会的重要性立马凸显。于是，哥本哈根世界气候变化大会就被媒体冠之以“拯救人类的最后一次机会”的会议、“史上最牛”的会议等层出不穷、富有历史感的名称。

上天下海的悲壮

众多电影大片开始的时候为渲染情节气氛，都会作一番煽情式的前奏铺垫，伴随着镜头的转换，电影渐入佳境，慢慢接近高潮和主题。《泰坦尼克号》如此，《阿凡达》也如此。哥本哈根世界气候变化大会也如同一场电影大片。大会之前，一场上天下海的煽情序幕就此开启了。

哥本哈根大会之前，2009 年 10 月 17 日，马尔代夫总统穆罕默德·纳希德和其他 13 名官员头戴防水面罩，身穿黑色潜水服，背着水下呼吸装置潜入 6 米深的水下召开了世界首次“水下内阁会议”，以凸显全球变暖对这个地球上地势最低的国家的威胁。

马尔代夫国家电视台的电视直播画面显示，会场背景是有着黑白相间花纹热带鱼环绕的白色珊瑚。在清澈透明的海水中，纳希德和其他与会官员在事先放置在水底的桌子前依次就座，纳希德打着手势，宣布会议开始，之后大家就开始用手势相互交流，气泡不断地从他们戴着的面罩中汩汩而出。总统、副总统、内阁秘书和 11 名部长用防水笔在塑料白漆板上签署了一份“SOS（紧急求救）”文件，呼吁所有国家减少二氧化碳排放。

此次会议的目的是吸引人们关注这样一种可能的未来——海平面上涨或许会在一个世纪内淹没这个印度洋岛国。马尔代夫的岛屿平均只高于海平面 2.1 米。

纳希德总统在乘船赴会时接受采访说：“我们正在努力让人们意识到，这不仅是马尔代夫的问题，也是全世界面临的问题。”

马尔代夫政府派出了几十名士兵在水下保护会场，但入侵者只是一些探头探脑的海鱼。半小时之后，这次“水下内阁会议”结束，纳希德总统率领众多官员浮出水面。一浮出水面，湿淋淋的他就对记者说：“我们在发出信息，让全世界知道，如果不阻止气候变化，马尔代夫将发生什么。”

受“水下内阁会议”的启发，尼泊尔政府决定在哥本哈根世界气候变化大会召开前夕，在珠穆朗玛峰地区也召开一次特殊的内阁会议。

2009 年 12 月 4 日上午，尼泊尔在其境内的珠穆朗玛峰南坡地区海拔 5242 米的一处营地举行内阁会议，旨在呼吁全球关注气候变化对喜马拉雅山脉的影响。包括总理马达夫·库马尔·尼帕尔在内的 24 名尼泊尔内阁成员出席了这次非同寻常的“世界最高的内阁会议”。

珠穆朗玛峰高度达 8848.86 米，是世界最高峰。尼泊尔总理尼帕尔在会后举行的新闻发布会上说，珠穆朗玛峰是地球环境的标志，而气候变化对这一地区民众的生存、生态环境、社会经济发展等都造成了很大影响。尼帕尔说，尼泊尔将与南亚其他国家一道，为保护好喜马拉雅山脉南坡脆弱的生态环境作出努力。

这次内阁会议还通过了“2009 珠峰宣言”，呼吁发达国家在哥本哈根世界气候变化大会上关注气候变化给发展中国家带来的影响，帮助发展中国家应对气候变化。宣言还承诺，尼泊尔会将境内自然保护区面积从原来占国土面积的 20% 增加到 25%。

这两个国家的政治家们用他们的“政治行为艺术”表达了小

国对气候变化的强烈呼声。在通过现代媒体传遍了全世界的同时，也给哥本哈根世界气候变化大会的召开渲染出一种悲壮紧迫、不得不直面现实的气氛。

伴随着马尔代夫和尼泊尔“悲情”剧目的上演，接下来这种如临大敌、奋力挽救的气氛进一步弥漫，并逐步推向新的高潮。

2009 年 12 月 7 日，联合国气候变化大会在哥本哈根开幕的当天，由英国《卫报》统筹，经历了数个月的筹备、邀请媒体参与和反复修改的社论在全球 44 个国家的 56 家媒体同步刊登，呼吁 190 多个与会的政治领袖采取果断的措施应对气候变化问题，建立一个有强制约束力的公约。

三股势力的串联

在哥本哈根世界气候变化大会之前，个别政治家的煽情表演被媒体放大，人们对于全球气候关注情绪的酝酿到了一定程度，真枪实战的阶段就开始了。以前的各种气候峰会都是欧洲和美国两方在玩楚河汉界的游戏，而哥本哈根大会俨然成了三雄逐鹿。

主角之一是欧盟，是主张积极应对气候问题的旗手和强硬派。欧盟为了应对全球气候变化，二三十年来付出了巨大的努力，起到了表率作用，是发展低碳经济最坚决的支持方。

主角之二是美国、日本、澳大利亚、加拿大、俄罗斯这些国家组成的伞形国家集团。

主角之三就是中国、印度、巴西和南非组成的基础四国。基础四国周边又围绕着七十七国集团和一些发达国家集团。

基础四国之所以开始成为三大主角之一，很重要的原因是到2009年的时候，地球上二氧化碳排放的情况已经发生了巨大的变化。以前欧美这些发达国家是二氧化碳排放大国，但在近30年间，以中国为代表的基础四国的二氧化碳排放量刷刷地往上走，成为新增二氧化碳排放量的绝对主力军。在这期间，中国超过美国成为世界二氧化碳排放的老大。而且到2030年，发展中国家的二氧化碳排放量会从2005年的占世界的40%提升到55%，从而占据总数的大部分。在这种格局下，基础四国不想成为主角也难了。

除了这三大主角以外，还有一些国家，比如一些小岛国家和非洲最穷国家，也在会议中发出了自己的声音。国家实力决定了它们在哥本哈根的舞台上只能充当配角，这是大国主宰世界时代的基本特点。

团结就是力量，为了更好地在哥本哈根世界气候变化大会上成功地实现自己的思路和目标，大会之前，三个主角的串联活动早已紧锣密鼓地展开了。

首先，欧盟召开首脑会议，统一了步伐，而且提前宣布了如果美国在2005年的基础上减排7%，欧盟将会减排30%。这个减排幅度表明欧盟是对总量减排态度最坚决的一员，符合欧盟在减排问题上一贯的积极态度和旗手的角色。此外，欧盟还率先提出将拿出100亿欧元资金援助发展中国家以应对气候变化的挑战。

紧接着，中国和印度等基础四国，再加上七十七国集团的代表苏丹，于2009年11月24日在中国北京召开了一次会议，统一了想法。在召开会议的第二天，中国向全世界承诺，到2020年单位国内生产总值比2005年减排40%～45%，印度提出了减排30%，巴西提出减排36.1%～38.9%。

而以美国为代表的伞形国家，也在哥本哈根世界气候变化大会前串联。结果是美国宣布在2020年单位国内生产总值比2005年减排17%，日本提出了在1990年的基础上减排25%，加拿大提出在1990年的基础上减排2%，俄罗斯声称在1990年的基础上减排40%。

这些口号的提出，背后都是有玄机的。例如美国提出的17%，是以2005年为基数的，如果以1990年为基数，它的减排目标只有4%。而如果中国保持8%～10%的国内生产总值的增长速度，中国二氧化碳的排放总量到2020年还会增加1倍多。为了避免这样一些刺激眼球的数据，中国采用了单位国内生产总值的表述方式，中国宣布到2020年，中国单位国内生产总值二氧化碳排放量比2005年下降40%～45%，这是一个密度的减排。这些玄机都为哥本哈根世界气候变化大会上的冲突和博弈埋下了伏笔。

单轨与双轨之战

在全世界媒体的高度关注中，2009年12月7日，193个国家的环境部长和其他官员，聚集到丹麦首都哥本哈根现代化的贝拉中心，召开为期两周的世界气候变化大会，商讨《京都议定书》一期承诺到期后的后续方案，就未来应对气候变化的全球行动签署新的协议。

在开幕式上，大会主办方和承办方可谓煞费苦心，先是播放了一部长达 4 分钟的短片《请拯救地球》。在片中，一个小女孩梦魇中的惊天洪水在 6 岁小男孩尼·莱身上变成了现实。大洪水淹没了他的家园，家人各自冲散。数星期后，尼·莱终于和姐姐、妹妹还有奶奶团聚了，却永远失去了父母和弟弟的消息。

紧接着，《联合国气候变化框架公约》秘书处执行秘书德布尔开始用严厉的语言向全体列席的代表发出警示：我们必须行动起来，我们没有机会了。而承办方丹麦的首相拉斯穆森也敦促前来参加本次会议的 193 个国家和地区的代表们主动缩减彼此间在减排额度以及气候援助方面的分歧，准备好“大干一番”，而不是仅仅“说说而已”。

德布尔说，他希望哥本哈根大会的结果能够包含三个层面的内容：第一层是一份立即行动的协议；第二层是有雄心的减排目标和行动，以及资金支持等第三层是关于长期应对气候变化的共同愿景。

哥本哈根大会主要是围绕着四个方面来展开的：第一，工业化国家温室气体的减排额是多少，到 2050 年它们具体减多少；第二，中国、印度这些主要发展中国家、新兴经济体要如何控制温室气体；第三，如何资助发展中国家减排并适应气候变化的影响；第四，如何管理好发达国家支援发展中国家的这笔资金，即涉及对发展中国家资金使用的可测量、可报告、可监测的透明化原则。

这四个目标看似简单，实则牵涉面很广，其中蕴藏着极其复杂的利益博弈。193 个国家和地区各自的利益诉求不同，仅仅就如何筹集对发展中国家援助的资金，以及如何分配，就让各方头痛不已。

然而这次哥本哈根大会最大的分歧不在这里，最大的分歧是伞形国家与基础四国的分歧，其中关键是美国和中国的分歧，其焦点就是单轨和双轨的博弈。

面对气候变暖的问题，伞形国家尤其是美国，认为一定要把中国、印度等这些新兴经济体拉到一起来承担减排目标。它们认为，如果中国和印度，这些新兴经济体不列入总量减排范围，那么西方国家减排更多乃至零排放，也抵不上这些发展中国家来势汹汹的高排放势头。

这些观点直接针对中国，因为中国这 30 年来碳排放量随着经济的发展从 20 多亿吨到 100 多亿吨，成为世界排名第一的碳排放国，而且这种增长趋势短期内完全没有减缓的迹象。所以美国提出，要把“共同而有区分的责任”原则改成大家都应有的共同的责任，少谈区别。伞形国家的基本出发点是希望把以中国和印度为主的国家纳入到总量减排，变双轨制为单轨制。

所谓的双轨制，即对发达国家和工业化国家，采取总量控制的方式，而对发展中国家，如中国、印度等新兴经济体，采取不限制、不定任务、不约束的机制。双轨制“共同而有区分的责任”是里约热内卢联合国气候变化大会签订气候公约的基础框架，是发展中国家签署《京都议定书》坚持的基本原则，美国为代表的伞形国家提出要将这个框架废除，也面临巨大的阻力。这构成了这次大会最大的分歧，如同是一条鸿沟，很难填平，也最终为这次峰会的失败埋下了导火索。

欧盟的心态是比较复杂的，如果配合美国，那就意味着要将它主导的针对气候变化的所有国际框架推倒重来，这是对它几十年心血的糟蹋。再说，国际谈判是需要巨大的时间成本的，呕心沥血熬过来的欧盟哪会不知道呢？

但如果不配合美国，《京都议定书》签订后由于美国的退出而贬值的情况，欧盟心里自然也很清楚。好不容易在巴厘岛联合国气候变化大会上将美国重新拖回来，此刻要反目，也是心不甘、情不愿。

此后，在每年都召开的世界气候大会上，减排作为核心议题始终难以达成共识，会谈的进程也受其影响变得愈发复杂，直到2011年，气候谈判依然“双轨”并进，甚至提出了三轨制。但如此不仅没有提速谈判，反而阻碍了整个谈判的进程。“双轨制”的确立是国际社会为达成一份能得到广泛认同的气候协议而作出的努力，在这个问题上发展中国家已经难以再让步，国际气候谈判以双轨或单轨开展只是形式问题，不应也不会成为模糊发达国家和发展中国家责任和义务的理由，发展中国家更不应该在单轨谈判中被要求与发达国家作出对等的减排目标承诺。

尽管矛盾，但当欧盟被基础四国激增的碳排放量刺激后，很大程度上将天平偏向了美国一方，从而使得哥本哈根世界气候变化大会从三方博弈变成了单轨制与双轨制博弈的舞台。

激烈的暗战

围绕着单轨制还是双轨制的问题，各国在哥本哈根世界气候变化大会上进行了激烈的斗争。

大会第二天，西方媒体就披露了所谓的“大会最终文件”。这份名为“丹麦提案”的决议草案，是由包括英国、美国和丹麦在内的西方发达的工业国家共同起草的。它擅自拟定了发展中国家人均碳排放目标、接受国际核查，并由世界银行掌控融资拨款权等条款。这就意味着，发达国家可以根据发展中国家的“实际表现”来决定是否提供资金援助。

“丹麦提案”一经披露，就引起发展中国家谈判代表的强烈不满。肯尼亚代表愤怒地说：“我们是张开双臂过来谈判的，而不是来接受已经被秘密约定的文本的！”

随后，“七十七国集团加中国”轮值主席召开了新闻发布会，代表“七十七国集团加中国”宣布反对“丹麦提案”。中国代表团副团长苏伟措辞严厉地抨击欧盟、日本和美国，指称欧盟近期表示拿出的100亿美元听起来很多，但全球人均不到两美元，在丹麦连杯咖啡都买不起。

“丹麦提案”引发的风波仍在蔓延。这份长达13页的草稿，似乎正在摧毁气候拯救者过去 17 年付出的所有努力。

交锋日趋激烈，2009 年 12 月 9 日，曾经表示过要将温室气体纳入管理体系的美国环境保护署官员突然变脸，不肯谈论美国实际减排量化指标。美国气候变化特使斯特恩更是赤裸裸地表示，中国和其他主要发展中国家“是商谈的关键”，美国不会加入《京都议定书》。

美国的观点遭到猛烈反击。当天，中国气候变化谈判特别代表于庆泰表示，美国应该深刻地“自我反省”。

哥本哈根世界气候变化大会进入第四天，发达国家和发展中国家的分歧依然明显。欧盟轮值主席国瑞典气候变化首席谈判代表安德斯·蒂勒松暗示说，应对气候变化不能缺少温室气体排放大国美国的参与。现在的谈判主要集中在《京都议定书》下的磋商，《京都议定书》是当前在应对气候变化领域唯一具有法律约束力的行动依据。2001 年，美国宣布退出《京都议定书》，是目前唯一游离于议定书之外的发达国家。

2009 年 12 月 11 日，在经过艰难的讨价还价后，哥本哈根世界气候变化大会的谈判成果初露端倪，12 月 11 日 9 点 30 分，《京都议定书》升级版和《联合国气候变化框架公约》的建议文稿由《联合国气候变化框架公约》秘书处提交大会讨论。文本草案显示，发展中国家坚持的双轨制得到确认，《京都议定书》附件 I 国家在第二承诺期的减排义务，将以《京都议定书》升级版的形式规定。美国等非《京都议定书》缔约方国家的参与，将在《联合国气候变化框架公约框架》下给予规定。

不过，法律约束力的缺失却让很多人忧心忡忡：“如果达不成有法律约束力的文件，为什么要耗这么多的时间来谈判？”

2009 年 12 月 12 日，联合国气候变化大会进入了第六天，各种会议和谈判从上午 10 点一直排到了晚上 8 点 30 分。会议进展艰难，预定会期过半，发达国家和发展中国家两大阵营依然分歧重重。虽然“丹麦提案”在国际社会的谴责声中销声匿迹，发达国家让发展中国家承担更多义务的企图却一直存在。发展中国家根据气候变化相关国际文件提出的很多合理要求仍被发达国家搪塞和漠视，谈判险象环生。

2009 年 12 月 14 日，联合国气候变化大会部长级谈判刚刚开始，各方吵架的调门就一下子高了起来。

上午举行的会议中，担任大会主席的丹麦官员抛开《京都议定书》，提出用半年到一年时间，解决“气候变化框架公约下的长期合作行动”，并在 2010 年达成单一协议文本——这意味着发展中国家坚持的“双轨制”谈判只剩下一个。

上午 10 点 30 分，由于非洲国家谴责发达国家试图抛弃《京都议定书》并举行抗议活动，大会谈判进程被迫暂时停止。与此同时，代表发展中国家的七十七国集团表示，如果富裕国家不能正确对待《京都议定书》，七十七国集团不排除集体退出谈判的可能性。在非洲国家代表团全部退出上午会议后，中国、印度、巴西和南非 4 国谈判官员经过紧急磋商，一起来到大会主席办公室，要求尽快召开全体会议，讨论非洲代表坚持的议题。

下午 3 时许，全体会议开始进行，讨论《京都议定书》的“主席草案文本”，观察人士分析，发展中国家14日的再度“发力”，是希望在领导人到会之前集体施压，确保《京都议定书》不被抛弃。

2009年12月16日，距离哥本哈根世界气候变化大会结束还有36个小时，大会主席康妮·赫泽高辞职，改由丹麦首相拉尔斯·勒克·拉斯穆森接任。随后，赫泽高被任命为大会主席的特别代表，负责组织非正式磋商。赫泽高解释说：“由于有115个国家元首参与峰会，由丹麦首相担任大会主席一职更为合适。”但是，在各方利益集团互不相让、谈判进程陷入胶着状态的背景下，赫泽高的“下课”难免引起各种猜测。有消息称，对大会陷入僵局负有责任，才是赫泽高辞职的真正原因。

事实上，随着会期临近终结，交锋愈演愈烈。由于美国代表对出台的长期行动计划文本非常不满，原定15日晚上10点开始的全体会议，一直拖延到16日早上7点才开始。人们注意到，美国的相关立场已经被放入草案文本的括号内，需要通过大会讨论来解决。

16日中午，新任大会主席、丹麦首相拉斯穆森试图启动高层会议，邀请一些国家和国际组织领导人到会发表讲话，并以推动谈判为借口，试图将主席国准备的一份草案提交给高层会议讨论。对于大会主席这一违反程序的做法，巴西代表率先表示反对，并得到中国、印度和南非的响应。中国代表团副团长苏伟严正指出，大会主席不能未经各国代表讨论，凭空拿出一个草案，这不符合透明原则，是对与会各国的不尊重。

但是在美国的强大压力下，17日结束的长期合作行动特设工作组会议进展并不顺利。美国谈判代表执意要求在草案文本的修改中增加更多的选择项，让发展中国家承担更多的温室气体减排压力。

在“终场哨声”即将吹响的前一天，各方谈判代表顽强地与时间赛跑，争取赶在18日领导人大会前基本达成协议。《联合国气候变化框架公约》秘书处执行秘书德布尔说，一度陷入短暂停滞的谈判正在继续向前推进。

领导人的交锋

一场武林大会，首先是小人物先上台，当酝酿出足够的气氛后才会有大人物出场。在哥本哈根的前期的激烈斗争中，很多都是代表团的团长们出场，真正决定命运的时刻从12月16日才正式上演，上百位国家元首和政府首脑陆续抵达哥本哈根。

大会最后48小时到底发生了什么，至今仍是众说纷纭。

几个月后，温家宝总理在十一届全国人大三次会议新闻发布会上，是这样描述这段谜案的。

“去年12月17日，也就是在哥本哈根领导人大会前一天晚上，丹麦女王为各国领导人举行宴会，就在那次宴会上，我从一位欧洲国家领导人那里知道当天晚上有一个少数国家参加的会议，她给我拿出了一个单子，上面赫然有中国的名字。我感到震惊，因为我没有接到任何通知。就在这时，一位新兴大国的领导人主动约见我，说有紧急的事情要和我谈。他告诉我，他从一位欧洲领导人那里得到通知，说当天晚上有一个会议。我对他讲，我没有得到通知。回到驻地，我紧急召集中方人员进行查询，确认我们代表团没有接到通知。

“在这种情况下，我决定：第一，向大会秘书处质询。第二，请杨（洁篪）外长给美国国务卿克林顿（希拉里·克林顿）打电话告诉真相。第三，即使没有接到通知，我们也仍然派外交部副部长何亚非与会。

“那时奥巴马总统还没有抵达哥本哈根。何亚非副部长到达会议，首先代表中国政府代表团进行抗议，并且说‘我是不请而来的’。”

温家宝总理说：“为什么不通知中国？至今没有人向我们做任何解释，至今在我的脑子里还是一个谜团。”

但是，西方主要发达国家却认为是中国过于傲慢，由主要元首参加的会议却只派了外交部副部长这样级别官员来参加，直接延缓了会议的进程，还有人认为中国有涉嫌破坏哥本哈根协议的企图。

奥巴马与基础四国领导人面对面举行了这场关键性的闭门会议，使得哥本哈根世界气候变化大会没有完败。五国领导人亲自出面就协议内容进行协调，最终达成了一个充满妥协味道的《哥本哈根临时协议》。这个协议是由 28 个主要国家领导人及代表，在 18 日凌晨起草的一份草案的基础上发展而来的。不过，这份《哥本哈根临时协议》令很多观察人士感到失望，因为该文件没有规定发达国家到 2020 年的温室气体减排目标，同时还将包括“全球在 2050 年前减排温室气体 50%、发达国家在 2050 年前减排温室气体 80% 的目标”等内容从文中删除。

在少数几个关键国家闭门磋商后产生的《哥本哈根协议》，是一份和预期目标相去甚远、没有任何法律效力的政治文件，而且至少有 5 个国家至今仍纠缠在程序透明和合法性问题上。

就这样，万众瞩目的哥本哈根世界气候变化大会失败了。

哥本哈根的后遗症

哥本哈根世界气候变化大会失败了，但没有完败，至少它见证了追求全体成员国一致通过的联合国议决方式暴露出来的局限性，也见证了领导全球应对气候变化的领导权的变迁。领导者从欧洲变成了中国和美国。

德国德新社就这一会议情境评价说：“由此可以看到一种新的世界秩序，即美国和中国指挥合唱团，新、旧强国主要演唱独唱部分，而其余国家则演唱副歌部分。”

美国《华盛顿邮报》报道说：“作为气候变化谈判，此次会议的成果不完整，但是如果说有什么贡献的话，那就是反映出一个新世界秩序。”

有人指出，当初大肆宣传此次会议将成为 120 多位世界领导人齐聚一堂的外交博览会，但实际情况则是通过美、中两国领导人的谈判艰难达成协议。因此，此前一直以地球环境守护者自居的欧盟此次颜面尽失。欧盟轮值主席国瑞典首相弗雷德里克·赖因费尔特直到最后阶段仍在召开主要缔约国会议，竭尽全力进行斡旋，但真正给谈判画上句号的还是美中两国领导人的一对一谈判。

其实，欧盟是想在这次气候变化大会上发挥它的作用的。法国总统萨科齐在会议上就明确提出，如果世界上各国作出的承诺更积极，欧盟愿意把援助资金再翻倍，把减排的目标再加倍、提高到30%。应该说欧盟在这个问题上依旧表现积极，希望能够在哥本哈根达成一个协议。所以说，如果要在哥本哈根大会上评选一个最佳形象奖，在三股势力中欧盟得分肯定是最高的。

但可惜的是欧盟拥有道义，却和十几万上街游行的环保人士一样，缺乏足够的影响力和实力。随着国际经济、政治格局的改变，欧洲已经从工业革命时期的霸主逐步沦为边缘体，如今能够左右世界格局的是中国和美国。

首先，从中美目前的综合国力来看，美国是唯一的超级大国，中国是最大的发展中国家，而中国这几年综合实力增长非常快，已经成为世界经济格局博弈中非常重要的一股力量。

其次，2020年中国和美国两个国家的二氧化碳排放量加起来占了世界总排放量的40%左右。如果没有中国和美国参与，即使欧盟不排放二氧化碳，也解决不了任何问题。所以，哥本哈根大会之所以失败就源自中美之间巨大的利益分歧。

十年后，2019年12月，第25届联合国气候变化大会成为史上耗时最长的气候大会，会议举办一波三折。2018年11月，大会原承办国巴西宣布由于财政预算和政府换届等问题撤回承办申请；2018 年 12 月，智利宣布接替巴西承办，然而在大会开幕前一个月，宣布由于国内动荡局势取消承办此次会议；最后关头，西班牙挺身而出接盘。虽然会议历经曲折得以如期举行，但是最终结果并不尽如人意。

在会议延长 40 多个小时后，联合国气候变化大会于 12 月 15 日在西班牙首都马德里闭幕。因各方分歧严重，在碳排放交易机制等关键问题上未达成具体协议。这样的结果令联合国秘书长古特雷斯大失所望，认为国际社会失去了一个展现应对气候危机雄心的机会。一些环保人士在马德里会场外表达愤怒。环保组织“反抗灭绝”运动成员在会场外倾倒马粪，同时给各国谈判代表留言“停止胡说”。

尽管大会最后发表宣言，呼吁各国以更大雄心应对气候变化，加强减排和对最易受气候变化影响国家提供援助，还强调提高 2030 年前温室气体减排目标，并在 2020 年出台相应计划。但是，缺乏多边共识的减排行动，其效果无疑会大打折扣。

回顾《巴黎协定》通过的几年，世界各国应对气候变化已经取得了一定成绩。但是马德里世界气候变化大会依然遭遇挫败，使得未来应对气候变化的前景变得更加迷雾重重，应对气候变化的道路也将更加艰难。但愿未来各国能够摒弃一己之私，携手应对人类命运之战！

结　语

至此，联合国气候变化大会变成了一部全球悲剧大片，一部见证国际巨大分歧的大片，一部见证低碳发展举步维艰的大片！

哥本哈根世界气候变化大会、马德里世界气候变化大会结束了，留给人们无尽的思索。

建设低碳社会的号角已经吹响，但是前进的脚步却一再迟疑，除了各自的利益之争外，低碳还面临着新一轮的考验。因为低碳是建立在气候变暖的科学理论的基础之上的，然而就在哥本哈根大会前夕，低碳科学的大厦面临着根基不稳的态势，2009 年 11 月发生的“气候门”事件，让政府间气候变化专门委员会的颜面荡然无存。气候变暖科学理论再次被人们质疑，此刻真理究竟掌握在谁的手里，我们无从得知。下一章，本书将就地球变暖的科学理论正反两派的争论展开全面的描述。

第六章　众说纷纭的气候理论

低碳难有很大一部分原因，在于低碳科学理论本身的不确定性。

在气候学说理论上，科学家们进行了一场旷日持久的博弈，反对气候变暖理论的力量也不可小觑。“气候门”事件之后，政府间气候变化专门委员会的各种丑闻接连暴露，使得全球变暖的质疑派和反对派更加扬眉吐气，这一切都给低碳发展带来了巨大的阻力。

人们开始争论：地球真的变暖了吗？全球变暖理论与冰河世纪理论之间，高举反对气候变暖旗帜的科学家理查德·林德森与捍卫气候变暖的主流科学家之间、《难以忽视的真相》与《全球变暖的大骗局》之间的种种对立，使得低碳科学处于尴尬的境地。众说纷纭的气候理论让人们眼花缭乱，但这一切却掩盖不了一个事实，那就是不同的学术观点代表着不同的利益方在博弈。

在意见的自由市场里，只有经过博弈、交锋、碰撞、呈现，低碳才有可能最大限度地被人们所接受，而这一过程是漫长的，这也就注定了“低碳难”是不可避免的。

气候门

在举世瞩目的哥本哈根世界气候变化大会召开前夕，气候科学界发生了一起著名的“气候门”事件。

英国东英吉利大学气候研究中心（Climatic Research Unit，简称 CRU）成立于 1972 年，是最早开始研究人为气候变暖的研究所，拥有世界最大的全球气温数据库，该中心的研究成果也是政府间气候变化专门委员会 2007 年世界气候报告的重要基础。2009 年 11 月 17 日，该研究中心科学家与全世界气候研究科学家之间交流的邮件被黑客攻破，内容泄露，随后在 2009 年 11 月 30 日被《华尔街日报》刊登了大部分，舆论一片哗然。在邮件中可以很清楚地看到，英国东英吉利大学气候研究中心负责人菲尔·琼斯刻意篡改气候数据，使得结果符合他们预设的气候变暖的观点。

给人们更大打击的是“气候门”的另一个关键人物，是著名的“曲棍球棒”曲线理论的提出者，美国宾夕法尼亚州立大学气候学家迈克尔·曼。“曲棍球棒”曲线理论，2001 年被纳入到政府间气候变化专门委员会的气候变化报告中，变成了 2007 年政府间气候变化专门委员会的第二次全球变暖报告的中心议题，是支撑人类活动导致地球变暖这一理论的重要依据。

菲尔·琼斯和迈克尔·曼大量私人来往的电子邮件正是“气候门”事件的关键。琼斯为了证实迈克尔·曼“曲棍球棒”曲线理论的正确性，指示其助手对测量获得的气候变化数据进行人为修正，把有利于证明气候变暖的数据放大，把不利于证明气候变暖的数据缩小，并对一些古树年轮中显示地球史上曾存在变暖这一事实的数据进行掩盖。琼斯将这些做法称为“技术性处理”，但这样以人为手段有意识地操控数据来证明气候变暖，显然已违背了科学家以事实为依据的职业道德。

其实，迈克尔·曼“曲棍球棒”曲线理论的主要观点一直受到广泛质疑。首先是数据的真实性。美国气象预报专家沃茨致力于调查原始温度数据采集点的质量问题。截至 2009 年底，他们已经实地调查了 534 个气象站。按照美国官方的国家海洋和大气管理局（National Oceanic and Atmospheric Administration，简称 NOAA）的气象站标准，他们发现已经调查的气象站中，有 56% 是严重不合格的（误差高于 5 摄氏度），87% 的气象站是不合格的（误差高于 1 摄氏度），而这些不合格的气象站的测量数据多数是偏向气候暖化一边的。

此外，美国最权威的飓风预报专家威廉·格雷也在国际气候变化研讨会演讲时公开表示，“全球变暖”有数据操控的嫌疑。由资深统计学家、美国国家科学院统计学委员会主席瓦格曼领头的三位统计学家给出了这样的结论：迈克尔·曼的去中心方法在数学上根本是不正确的。如果不用这种运算法则，从再度显示的图表中可以看出，中世纪比今天还要热，而迈克尔·曼对此的辩解竟然是：方法不正确没有关系，结论对就行了。

中国气象局的气象专家于飞也表达了同样的怀疑。“工业革命以来的变暖是属实，但是放到更长的时间尺度上，这样的变暖很平常。”于飞说，他参与了一个重大项目的数据整理，调查了中国一千年以来主要气候特征的变化：“根据史书、树轮、岩层反推，平均气温是很容易得到的，汉朝时期比现在更暖。”

前美国国家科学院院长塞斯更是支持并发起“俄勒冈宣言”，收集相关领域专业人员的真实签名。“俄勒冈宣言”签署者同意：没有让人信服的证据证明温室气体造成地球的灾难式变暖。截至2010年初，已经有31072人签名，其中包括9021名有相关领域博士学位的签名者，甚至当代最杰出的物理学家费里曼·戴森也在其中。

“气候门”的爆发，使得这种质疑有了更大的支撑。否定迈克尔·曼的成就，也是在直接否定政府间气候变化专门委员会的报告。

可怕的是，被泄露出来的英国东英吉利大学气候研究中心的电邮不只是迈克尔·曼、琼斯博士两人之间的通信，还包括了政府间气候变化专门委员会的科学精英的电邮，其中就有加文·施密特。他是前文提到的著名的詹姆斯·汉森的最主要的助手。（汉森在美国国家航空与航天局戈达德空间科学研究所的地球表面温度工作记录重要性仅次于英国东英吉利大学气候研究中心的数据。）

电邮泄露出来的事实表明，这些科学家一直在竭力隐藏或者操纵数据，把以往的气温记录压低，向上“调整”最近的气温，以此来制造气温加快上升的假象。澳大利亚和新西兰这两个国家的科学家一直在比较原始数据与官方发布的气温记录之间的差距，他们每一次都发现了同样的诡计：基本上是平直的温度曲线都被改成了上升的曲线。在这些气候科学事件中，英国东英吉利大学气候研究中心都施加了影响。

此事在西方媒体上引起了轩然大波，被称为气候研究学术界的丑闻。一些对气候变暖的观点原本就持怀疑态度的政客借机发难，美国国会议员詹姆斯·桑森布雷纳称“这是科学的法西斯”，并要求国会严审奥巴马政府的减排计划。

一位很受尊敬的美国气象科学家 E·佐利塔就呼吁，禁止迈克尔·曼博士和琼斯博士进一步参与政府间气候变化专门委员会的任何工作。英国东英吉利大学则非常低调地回应“气候门”事件，另外该气候研究中心网站上过去九个月的所有数据也突然被删除。2009 年 12 月 2 日，英国东英吉利大学宣布，气候研究中心负责人琼斯博士将离职，等待彻底调查。迈克尔·曼博士也在他所在的宾夕法尼亚州立大学接受“不规范科学研究”调查。这对政府间气候变化专门委员会的报告的公信力是致命的打击。

冰川门

几乎所有的北半球国家都在冰天雪地的严寒中迎来了 2010

年，在此背景下，政府间气候变化专门委员会的各种科学丑闻接连曝出，继“气候门”事件之后，“冰川门”又接着开场了，一场关于“地球是否真的变暖”的激烈争论正在展开。

政府间气候变化专门委员会在2007年发布的第四次评估报告中写道，“喜马拉雅冰川的消融速度超过了世界上其他地区的冰川，如果全球变暖的速度持续下去，喜马拉雅冰川在2035年，甚至更早前消失的可能性非常高”，随后还附上了喜马拉雅冰川过去40年的融化数据记录。文中注释称，这一说法援引自世界自然基金会2005年的一份报告。

在世界自然基金会这份名为《冰川、冰川消融和后续影响概述》的报告中，确实可以找到上述说法。但世界自然基金会承认，报告中喜马拉雅冰川消融的说法来自1999年发表于《新科学家》杂志上的一篇新闻报道。

这篇由《新科学家》杂志记者弗雷德·皮埃斯撰写的新闻报道提及，国际冰雪委员会报告的首席作者、印度尼赫鲁大学副校长萨伊德·哈斯南预测，“按照目前的消融速度，喜马拉雅冰川的中部和东部将会在2035年前消失”。但是之后哈斯南公开声明：“我从来没有预测过喜马拉雅冰川消失的日期，我只是在一次采访中简单地提到40年内冰川会有消融，2035年这个数据是记者的虚构。”

层层追溯后，政府间气候变化专门委员会极为严肃的评估报告中有关喜马拉雅冰川问题的基本论点，竟来自十年前一篇不够严谨的新闻报道。这让有4000位科学家参加的，号称最严谨的政府间气候变化专门委员会报告再次被公众质疑。

祸不单行。政府间气候变化专门委员会第四次报告中指出“气候变化将威胁到40%的亚马逊雨林”，这一报告因为所列事实极具冲击力，自然引人关注。此结论再次援引了世界自然基金会的报告，原报告作者声称他们的依据来自《自然》杂志，但人们很快发现，《自然》杂志原文指出这一威胁来自砍伐而非气候变暖。

政府间气候变化专门委员会的报告之所以连续陷入各种“门”事件，都是“灰色文献”惹的祸。“灰色文献”是指那些非公开发表的会议文集、论文、报告、档案等文献，世界自然基金会的报告正是所谓的灰色文献。灰色文献连续被引用进这个由各政府和国际组织参加，报告摘要在大会上一句一句过，报告主体部分则一页一页过，经过三次严格审查程序，所有内容达成一致后，终稿才正式出台的政府间气候变化专门委员会的权威报告中，让政府间气候变化专门委员会一再颜面受损。

政府间气候变化专门委员会、世界自然基金会均已在网站上对此事发表公开道歉声明，但这些组织仍坚称，冰川正在大量融化是事实，预测错误不能掩盖全球变暖构成实际威胁的铁证。《联合国气候变化框架公约》执行秘书德波尔也只好站出来，给政府间气候变化专门委员会擦屁股。他强调，喜马拉雅山地区的冰川正因为全球变暖而加速消失。“没有人可以否认这一点。这好比泰坦尼克依然在沉没，只不过沉没速度比先前预想的要慢一些。”

“气候门”“冰川门”以及后来的“亚马孙门”等事件，让政府间气候变化专门委员会遭遇了有史以来最严重的信任危机。

冰河世纪理论

驱使人们去发现报告中各种错误的最根本的原因，是人们对人类活动导致地球温度升高这一理论的质疑。近年来“冰河世纪”的天气实况与“气候变暖理论”所形成的强烈反差效应使这些质疑声更加底气十足。

哥本哈根世界气候变化大会被喻为“拯救人类的最后一次机会”的会议，其主要目的是防止人类活动造成地球变暖。而具有讽刺意味的是，从亚洲到欧洲，再到北美洲，整个北半球都在天寒地冻中迎来了 2010 年。更糟糕的是，各地这种持续性的严寒都是几十年一遇的：北京的气温达到 40 年来最低；英国面临 30 年来最冷的一个冬天；韩国首尔的降雪量达 70 多年来最大值；美国佛罗里达州的低温创下 112 年以来的纪录；2008 年，中国南方遭受过一次雨雪冰冻天气，造成了严重的冰灾。很多人明显地感觉到，这些天气现象与持续了若干年的“暖冬”背道而驰。

于是，“冰河世纪”理论重新抬头。俄罗斯数学物理博士哈比布罗·阿布萨马托夫认为，2009 年的北半球严寒恰恰证明了自己的“冰河世纪”理论——全球变冷而非变暖将是今后 100 年的发展趋势，主要原因是太阳活性和辐射角度发生变化，其释放到地球表层的能量在慢慢减少。全球气候将会在未来数年呈现出逐步降温的趋势，其最终的发展结果很可能是新一轮冰川期的到来。

2008 年 11 月，《自然》杂志刊登了英国爱丁堡大学地球物理学教授托马斯·克罗利和多伦多大学威廉·海德合著的论文，称地球按照它的自然周期规律和轨道变化，应该已经进入一个新的冰河纪，但二氧化碳的大量排放延缓了这一过程。

虽然“地球变冷说”并不是克罗利最早提出的，但是他的物理模型却最有说服力。克罗利教授的学说，主要源于在一个以万年为单位的时间领域内对冰河纪周期规律的研究。200 多万年前，地球进入了第四纪冰期，其中经过了十几次波动，冷暖相互交替。每次变冷的时候被称为亚冰期，大约持续 10 万年，而两次亚冰期之间的时段被称为间冰期，约为 1.2 万年。作为地球物理学家，克罗利通过分析对比过去的历史数据，从中推断，地球如今处于一个间冰期内，正在逐步向新的冰河期转变。

到了 2008 年，除了托马斯 · 克罗利，俄罗斯科学家阿布萨马托夫也提出了新“地球变冷说”。他认为地球在 1998—2005 年度过了全球变暖的高峰期，未来 10 年，全球变暖将逐渐停止，即使大气中二氧化碳的浓度增长了 4%。全球变暖主要是太阳几乎在整个 20 世纪持续保持不寻常的高发光度造成的，而现在太阳的发光强度正在逐渐下降，大约在 2041 年会降到最低点。正是这一点将成为地球显著变冷的原因，但海洋会推迟地球显著变冷的过程，全球变冷的高峰期将出现在 2055—2060 年。

其实，这并非所谓“冰河世纪”理论的第一次现身。早在 20 世纪 80 年代，科学家就研究发现，冰核心、海洋沉淀物核心、地质记录以及古生物种群的研究数据等各种证据均表明，在漫长的地质史上，地球曾历经三次温度持续下降的时期，地理学家将之称为“冰河期”；地球存在一个有规律的冰川期循环模式，即每个冰川期大约持续 10 万年，两个冰川期中间由大约持续 1.2 万年的间冰期隔开。虽然学界至今对冰河期成因仍无定论，但“米兰科维奇循环”与冰河世纪形成的密切关系已为大部分学者所认可。该假说认为，地球的倾角变化、轨道形状以及摇摆度变化导致太阳辐射角度的循环变化，这是冰河期的主要成因。在这个自然循环中，大约每隔 11 万年，地球温度就会达到一次高峰。

根据阿布萨马托夫所在的俄罗斯科学院普尔科夫主天文台的观测数据，由于太阳辐射的变化，地球温度将再次达到顶峰，这意味着间冰期已经接近尾声，地球即将进入下一个冰川期。“即使人类向大气中排放的二氧化碳量达到历史最高纪录，也不会阻止全球气温走低这一趋势。地球变冷而非变暖才是人类的真正威胁。”阿布萨马托夫的观点得到了大部分俄罗斯科学家的支持。

“全球变冷说”最早出现于 20 世纪 70 年代初，1947—1976 年的全球性寒冷天气曾使许多气象学家惊呼小冰河期的到来。1971 年，丹斯加德等人发表的格陵兰冰芯氧同位素谱分析成果表明，地球气候有 10 万年轨道周期变化，其中 9 万年为冷期，1 万年为暖期。按此规律，目前气候的暖期已接近尾声。1973 年日本气象厅的朝仓正曾经撰文预言，地球将于 21 世纪进入“全球变冷”时代。气候“变冷说”一度即将成为主流。但自 20 世纪 60 年代以来，气温不但没有继续下降，反而出现了回升，这个事实促成了今天许多人们对于气候变暖学说的认可。

而对于气候变暖说法，还有更多的理论对其提出了质疑和挑战。

“日地关系说”认为，太阳黑子与地球气候变化同步，凡是太阳黑子多的世纪，也是地球较寒冷的世纪。长期以来气象学家常用太阳黑子活动制作长期天气预报，但效果时好时坏。丹麦气象学研究认为，导致全球气候变暖的主要原因是太阳活动周期（通常为 11 年）缩短。英国北爱尔兰天文学家在爱丁堡举行的欧洲天文学会议上也指出，不是太阳黑子数而是太阳活动周期长度异常缩短（9.6 年），这使近一时期地球气温偏高，而被称为“小冰河时期”的 17 世纪太阳活动周期异常的长。

“海气互动说”则认为，大气环流可重新调配太阳能，支配地表风云雨雪、寒来暑往，而地球所能吸取到的太阳能，80% 存入海洋，因而海洋与大气环流的相互联动对地球气候影响重大。愈演愈烈的厄尔尼诺现象，实质上是低纬度地区海水大范围、持久性高温。这如同给大气火上浇油，使之更趋活跃，风暴迭起，副高强而不衰，中纬度夏热显著，全球平均气温升高。

罕见的寒冷冬天让人们对全球变暖理论的质疑纷至沓来。这给政府间气候变化专门委员会的正面宣传工作带来巨大的挑战。一旦更多的科学家认为地球变暖并非人类活动的原因造成，那么气候变化谈判的所有基石都会崩塌。

理查德·林德森的黑脸

在气候变化谈判过程中，美国政府的态度一直不积极，成了欧盟的眼中钉。美国政府之所以如此强硬，是因为在美国有一股强大的怀疑全球变暖科学理论的力量存在，理查德·林德森是其中的代表人物。他是著名的气象学家、美国科学院院士、气候变化反对论者，曾获得气象学最高奖 Charney 奖。他 1940 年 2 月 8 日出生在美国纽约，1964 年获美国哈佛大学应用数学博士学位，曾在芝加哥大学和哈佛大学任教，后任美国麻省理工学院地球、大气和行星科学系的教授。

林德森教授多年来致力于大气变化的研究，是气候变化反对派科学家队伍里的领头羊。他认为，全球气候变暖的原因及影响仍不明朗，前景也难以预测。首先，近年来许多天气情况都是“自……以来最高气温”或者“自……以来最严重的风暴”等。而“自……以来”就意味着，在大气中二氧化碳聚积与天气开始变暖之前，灾害性的天气状况就已经出现过。此外在中世纪，当斯堪的纳维亚人定居到冰岛和格陵兰岛时，就曾出现过比今天还严重的全球气候变暖期。此后在 1350—1850 年出现了小冰川期，继而气候重新回暖，而在这中间气候并没有受到温室气体排放的影响。

林德森教授研究的领域非常广泛，在季风、潮汐、Hadley 环流、臭氧的光化学过程、古气候和全球增暖等方面都作出了很多重要成就。

林德森教授是一位坚定的气候变化反对论者。大多数科学家都认为，气候正因为二氧化碳的排放而变暖，林德森教授却持不同意见。他认为这是所谓“极无说服力的科学”，并斥责联合国气候专门小组关于气候变化的警告为胡说八道，但林德森并不否认大气中二氧化碳在增多。

通过最新的研究结果，他认为人们高估了二氧化碳对气候的影响，说碳排放量可以继续上升而不会产生任何不良后果。工业革命前大气中二氧化碳的浓度为280ppm，如今达到380ppm，但林德森表示，这个浓度完全可以超过1000ppm也不会造成危险。他宣称，即便出于某种原因产生了某种影响，我们也有足够的时间来作准备。

与气候模型分析的结论不同，他认为过去10年全球并没有变暖。他说，我们低估了自然的变异性。鉴于变暖幅度仅为0.6摄氏度，宣称“全球变暖人类应该负主要责任”的说法是站不住脚的。林德森还表示，他坚信总有一天全球变暖论将被揭露为一场骗局。“我希望这发生在我的有生之年。”

共和党的反叛

从政党政治的角度看，在全球应对气候变化行动中，“开倒车”最多的就是碳排放大户美国。在美国国内，整个共和党都是气候变化的坚定反对者。这一立场有其历史缘由。

20世纪70年代，当美国开始环境立法治理污染时，两党之间的分歧并不明显。1970年，共和党总统尼克松创建了环境保护局，并签署了许多基础性法律。《西雅图时报》称，两党曾经在环保问题上保持一致。1990年，共和党总统老布什签署过与清洁能源法有关的重大修正案，1992年签署《联合国气候变化框架条约》时也顺利通过国会审议。

但此后，随着利益集团的渗入、政党斗争的加剧，环境问题也成为分裂美国的一个焦点，甚至是选举的“决胜点”。20世纪90年代中后期，共和党开始显著转向反环保立场，克林顿政府在1998年签署《京都议定书》，小布什政府在2001年正式退出《京都议定书》；奥巴马政府签署《巴黎协定》，特朗普政府则退出该协定；拜登政府重新加入该协定，在野的大量共和党议员则纷纷表态2024年总统大选过后，美国将再次重新退出该协定。

2016年总统大选期间，特朗普曾公开表态，提出奥巴马的巴黎气候演讲的意思是说“全球变暖是美国最大的问题”，“这是我听过的最蠢的政治声明，也可能是最幼稚的”。特朗普说：“我们只需要保证清洁的空气和水。当越南等国在制造大量污染的时候，美国只需要保证这些就够了。我完全不认为气候变化是个大问题，我认为这只是天气变化。”

2020年9月加州山火肆虐时，特朗普曾否认气候变化对山火的影响，并表示山火是“森林管理”带来的问题。当时加州自然资源局局长克劳富特敦促特朗普相信科学，承认气候变化及其对森林生态安全的影响。但特朗普回应道：“天气会变凉的，你等着瞧。我不认为科学知道答案。”一些支持特朗普的共和党人和媒体人也宣称，气候变化问题只是民主党人为扩张联邦政府监管权力而挖的“陷阱”。此外，他们还认为那些宣扬气候变化的科学家有煽动公众恐慌的嫌疑，其目的是筹集更多的研究经费。

围绕气候议题产生的党派分裂现象在美国社会各界普遍存在。比如新美国安全中心是与民主党拜登核心团队有很大关联的智库，在该中心的一次活动中，与会者对全球变暖问题忧心忡忡，谈到化石燃料时很气愤。而在与共和党关系密切的智库——如美国传统基金会的活动中，与会者则认为“气候变化是政治谎言”，美国不能因为环保而停止石油、煤炭等能源工业。这些与会者的想法与特朗普如出一辙。

再看选民层面，《今日美国》2021 年的一个民调结果显示：希望减少气候变化对全球影响的民主党人达到 86%，而共和党人只有 55%；80% 的民主党人支持利用政府资金帮助地方应对气候变化，而表示支持的共和党人只有 50%；70% 的民主党人支持“用美国纳税人的钱帮助发展中国家应对全球变暖”，而共和党只有 36% 的人支持。有分析认为，相比共和党在气候变化问题上持怀疑态度，民主党倾向于接纳气候变化的科研成果，支持清洁能源推动经济增长，同时还想维护“全球环保正义”的形象。

地球变暖是个大骗局

2007 年 3 月，英国电视台 Channel 4 播出一部纪录片《全球变暖大骗局》（*The Great Global Warming Swindle*），里面言之凿凿地声称全球变暖和二氧化碳排放没有关系。这一颠覆性观点顿时引起轩然大波，引发世界范围内关于二氧化碳的大讨论。

戈尔在 2000 年竞选美国总统失败后，成功地将自己从一名美国政治人物转变为第一个全球环保名人。自从戈尔 2006 年拍摄的纪录片《难以忽视的真相》公映后获得奥斯卡最佳纪录片，自己也获得 2007 年的诺贝尔和平奖后，反对戈尔的声音有不少，不仅针对戈尔本人，而且针对戈尔宣传的温室效应。

在戈尔的纪录片上映一年之后，英国的一名电视节目制作人马丁·德金拍了一部和他唱反调的片子《全球变暖大骗局》，用列举数据、采访科学家的方式，试图说明全球变暖是由于太阳辐射的变动引起的，与人类排放温室气体无关，而且环保主义者在以此干扰发展中国家的发展。在这部片子中，提出了十大质问：

1、大气运动是个很复杂的过程，太阳、洋流、宇宙射线都会参与其中，怎么能简单地都怪罪于二氧化碳呢？

2、二氧化碳只是地球大气很小的组成部分，而且这么小部分的气体增加有多少是人引起的也很难说。

3、温度和二氧化碳的相关曲线与人类发展的进程曲线不符，人类工业高速发展发生在 20 世纪 70 年代，但是温度急速增长却发生在 20 世纪 40 年代。

4、温度和二氧化碳的相互关系更像是因为气温上升了，二氧化碳的量跟着增加，可否解释为：因为海洋本身能存储二氧化碳，如果温度升高肯定会有二氧化碳从里面释放出来？

5、温室气体最主要的是水蒸气。

6、一万年内就有过两次大的温暖期，一次在 14 世纪，一次在世界各地记载的“大洪水”时期，这如何解释？

7、新能源（太阳能、风能等）成本高昂而且不稳定，因此造成的损失谁来负责？这影响了很多发展中国家的发展。

8、现在大量的研究经费用于研究全球变暖的影响和预测，但是有多少经费是给这些反对全球变暖的科学家进行研究的呢？

9、历史上就曾经有过格陵兰冰架完全融化的事情，是否有此事？

10、全球变暖的重要证据——“曲棍球棒”气温曲线在科学界到底有没有可信度？

这些质问非常尖锐，直接针对戈尔、正面派的气候科学家，甚至是政府间气候变化专门委员会。纪录片通过生动具体、通俗易懂的语言，使得更广大的民众可以理解，并引起了巨大的反响，成为该年度重要的气候事件。

有否定的声音，也有“否定之否定”的声音。英国BBC时事与新闻栏目监制、著名环境记者杰瑞米·布里斯托就站出来，批评了这部片子。他指出这部片子有很多不实之处，它甚至不是对温室效应的怀疑而是误导性的片子。他披露，该片中被采访人拥有的博士头衔，其实并没有专业的背景；所谓的“科学家”也没有从事气候变化的专门研究。几位真正的气候变化专家的原话被断章取义，作了反面宣传。

布里斯托坦言该片导演是他的一位同事：“他已公开道歉，承认片子中的一些做法是故意行为，里面的图表数据有许多错误，比如给出1930年的温度比‘现在’高，这个‘现在’被故意模糊，片中给出的其实是1995年而非2003年或更近时间的数据。”

布里斯托还说，人们认为气候变化是可怕的现象，将影响他们的生活，潜意识里不希望全球变暖是真实的，所以“大骗局”引起了公众的兴趣。“但作为媒体应该客观报道真相，不能哗众取宠……气候变化很复杂，不能要求每个人都能理解所有相关信息。坚持真相，提供准确信息是媒体赢得受众的方法。”

“事实上，在英国拍片时，他们想找一些发表过专业论文、在同行中有名望、不同意气候变化的科学家，但摄制组未能如愿。在美国拍片时找到了几位反对气候变化观点的学者，但赞同气候变化的科学家有几万名，他们有很多证据证明气候变化正在发生。”布里斯托指出，在美国媒体举行的辩论中，不同意气候变化的往往是一些历史、心理学家，他们中许多人有过电力、石油公司的培训背景，但媒体没有透露这些信息，公众误以为他们是气候专家。“这就是报道上的平衡，有时会把公众搞迷糊，双方辩论并不能反映真实的情况。”布里斯托毫不讳言，“个别科学家的确有专业的背景，他们对于气候变化提出相反或不同的观点，但其中的一些人后来进入了石油公司，成为他们的一员。”

媒体的攻击

“气候门”“冰川门”“亚马逊门”之后，政府间气候变化专门委员会开始遭遇有史以来最严重的信任危机，许多媒体开始把焦点集中在当时的政府间气候变化专门委员会主席帕乔里（任期 2002—2015 年）身上。据英国《每日邮报》2010 年 1 月 31 日报道，记者发现帕乔里的家距离办公地点其实只有 1 英里，他完全可以步行或骑自行车，或者乘坐专为他提供的环保电动车。而滑稽的是，帕乔里家总共拥有5辆汽车。帕乔里要使用其中的3辆，另外两辆分别归其妻子和儿子所有。他工作的印度能源与资源研究所一直建议人们乘坐公交车减少污染，但他自己却公然违背自己研究所的倡议，让私人司机开着排量1.8升的轿车接他上下班。

被媒体抓住把柄的是帕乔里出版了一本内容充斥着露骨性描写的小说。这本书的出版引发了一轮抗议热潮，因为该书由印度富豪——印度信实工业公司董事长穆克什·安巴尼协助发行，而信实工业公司是该国最大的私营石油公司。据称信实工业公司与帕乔里主持的印度能源与资源研究所关系密切，并获得过由该研究所颁发的多个奖项，安巴尼本人也是印度能源与资源研究所能源安全中心的筹备委员会成员。此外，新书发布会现场的食品和饮料也是由英国石油公司（British Petroleum，简称BP）的印度分公司赞助，该公司也是印度能源与资源研究所的一个大赞助商。

据《纽约时报》报道，自2010年以来，帕乔里博士和政府间气候变化专门委员会被推到了风口浪尖上，气候变化怀疑论者和右倾政客指责他们的科学态度不严谨，可能存在财务上违背公众利益的行为，批评者中甚至包括一些主流科学家。

报道称，该委员会因援引一份关于财产损失的研究受到指责。该研究发现，1970—2005年，极端气象事件造成的经济损失以每年2%的速度增长。这份研究成果当时未经同行评审，评审是在稍后进行的。蒙克顿勋爵表示，该失误反映了涉及金融与专业利益时，科学家随意歪曲研究成果的模式，这使得他们无法提出中立的建议。

帕乔里工作的研究所与一些企业有金融利益关联，比如处于开办阶段的 Glori Oil 公司（位于休斯敦）。该公司创始人向印度能源与资源研究所授予原始股，作为交换，该公司从印度能源与资源研究所得到从老油井中提取残油技术的许可。许多环境保护主义者认为，作为环保领头人，帕乔里显然不该与能源公司有金钱关系。

帕乔里博士回应批评说："我们为此事苦思良久，后来考虑到美国拥有世界上最多的这种类型的油井，这样做比在外海或者阿拉斯加钻探要好，于是就参与了。"

该研究所还提供有偿咨询服务。例如，该所的工程师为克林顿气候倡议项目在印度设计了两座太阳能公园。帕乔里博士还说，不像在美国，在印度这样的穷国的研究机构不能光靠政府施舍。研究所必须广开财源，从包括欧盟、各种基金会和民间企业的各种渠道筹集资金。

他表示："我们不得不通过自己的研究来筹集资源。我们这个研究所完全是白手起家的。"不过，就算学术界那些同意气候变化会带来挑战的人士也对此类行为表示担忧。

紧随帕乔里之后，媒体追踪的第二个目标是戈尔。媒体发现戈尔位于纳什维尔市的豪宅面积约 1 万平方英尺（约 929 平方米），拥有 20 个房间和 8 个浴室。而根据美国全国住宅建筑商协会的数据，2008年一般美国家庭新建的房子平均面积约2400平方英尺（223平方米），不足戈尔家住宅的1/4。戈尔豪宅每天的用电量是普通家庭用电量的20倍以上。美联社得到的账单显示，从2006年2月3日至2007年1月5日不足一年时间内，戈尔一家共计用掉19.1万千瓦时电。而该市一般家庭全年平均用电约为1.56万千瓦时，一般美国家庭全年平均用电约1.07万千瓦时。

对戈尔的质疑，还不只这些。而后媒体又发现，戈尔近年来一方面鼓吹绿色革命；另一方面大举投资相关的绿色产业。戈尔投资加利福尼亚“银泉网络公司”就是个典型例子。《纽约时报》曾报道，这家公司生产可提高电力输送网效率的软硬件设备，2008年向戈尔合伙经营的一家风险基金寻求7500万美元的资助，戈尔同意投资，还义务担任公司顾问。美国能源部2009年底推出总额34亿美元的智能型电力输送网补助计划，银泉网络获得5.6亿美元的采购，仅这项计划就让戈尔在未来几年内赚到2008年投资金额的好几倍。批评者认为，戈尔将因为政府推行他极力鼓吹的政策而获利，成为史上第一位“碳亿万富豪”。

对丁帕乔里与戈尔的攻击，在否定其本人道德品质的同时，也是在否定气候变化的正面理论。

在哥本哈根世界气候变化大会结束不久，2010年3月21日，中国中央电视台CCTV在《面对面》的栏目中，播出了一期节目《谈气候变化》，这次节目对于气候变化的理论进行了不同的解读。中国中央电视台请出了北京大学物理学院大气科学系的钱维宏教授和中国科学院的副院长丁仲礼教授，他们的观点与上文中许多科学家秉持的怀疑论相辅相成，均和政府间气候变化专门委员会的观点相左。

从钱维宏的研究来看，二氧化碳排放与全球变暖的因果关系并不确定，但在近百年间气温确实是上升了，上升的原因又是什么呢？钱维宏带领课题组对政府间气候变化专门委员会的报告中公布的气温序列又作了进一步研究，得出结论，近 20 年间的全球气候急剧增暖是由于太阳辐射以及海洋影响四波共振的结果。而这种现象非常罕见，钱维宏称其为“千年等一回”，恰好就在近 100 年中出现了，然而这四波共振与人类的活动无关。

这也就是说，根据他的研究，人类活动排放二氧化碳对 20 世纪百年间气候变化的影响不到一半。政府间气候变化专门委员会报告预测全球平均地表温度在未来百年将持续上升 1.4 摄氏度 ~ 5.8 摄氏度，但钱维宏不同意这样的预测，对于未来气候变化，他作出了自己的判断，说 100 年内气温升高不会超过 0.7 摄氏度，远远不会达到 2 摄氏度阈值。

节目采访的另一位嘉宾是中国科学院副院长丁仲礼，也是中国参加哥本哈根世界气候变化大会代表团的科技顾问之一。他认为在政府间气候变化专门委员会报告原文中，并没有百分之百地确认气候变暖就是由于人类活动产生二氧化碳带来的结果，也没有精确的数据表明二氧化碳到底对气候变暖有多大的影响，但是对于未来排放空间的计算却要建立在二氧化碳升温效应的基础上。根据 2 摄氏度阈值的共识，到 2050 年，大气中二氧化碳浓度的最高峰值只能控制在 450ppm 以内，也就是说到 2050 年全球二氧化碳的最大排放空间是大约 8000 亿吨。

这让人们不禁想起在哥本哈根世界气候变化大会上，时任中国总理温家宝在会见时任联合国秘书长潘基文时就很郑重地提出："在全球温控问题上，科学界有不同的观点，也提供了不同的选项。欧盟等一些发达国家和小岛屿国家在这个问题上有特殊的关切，对此我们表示理解。"这句话的背后，就是对目前气候变化理论存在分歧的正视。

客观地说，对于气候变暖质疑派的批判指责，我们需要审慎严谨的态度，力求全面公正地解读。因为在这群质疑者的背后，可能会有利益集团的身影。为了应对气候变化的挑战，必须要发展低碳经济，这必然对高碳产业造成毁灭性的打击，这些产业有可能会因为利益问题，参与到攻击气候变化的理论中。

结　语

因为气候变化是一个极其漫长的过程，如果以100年内温度升高的曲线来下结论，确实有很多不严谨的地方。因为地球诞生了这么多年，人类对其过去了解得不是很多，对其未来了解得更少，用长远的眼光来看待，也许更合理。

要成为一个主流观点，必须要经得起各种不同理论的斗争质疑，必须要得到客观事实的充分验证。所以在没有定论的情况下，各种观点存在是有其合理性的，也正是因为这种合理性，使得对于气候变暖的理论充满了各种争议，从而被各种利益集团利用，使得在气候变暖的国际政治、经济的博弈中，充满了变数，这加剧了低碳社会、低碳经济发展的困难。

除了科学理论的不确定性，低碳之路不平坦还有一个原因，那就是化石能源短期内无法被高成本的新能源所代替，对此，下一章将有深入的分析。

第七章　能源现状的阻击

哥本哈根世界气候变化大会因为巨大的国际分歧而分崩离析，这是国际社会利益博弈的结果，气候变化理论上的不确定性也给低碳发展带来了阻力。但除了这两者以外，世界各国不同的能源结构对低碳发展也起到了刚性的制约作用。例如中美两国的化石能源存储量上，都是煤炭存储量大、石油存储量小，这是世界二氧化碳排放高速增长的能源分布结构性因素。随着低碳时代的到来，这一现状必须得到改变。新能源替代化石能源能够实现碳的零排放，成为人类的首选，但是新能源的发展也面临着巨大的阻力。例如，核电的安全事故对人类具有毁灭性的打击；太阳能上下游产业链的能耗、污染、排放比较大，远超传统能源；风能的不稳定；水电破坏生态平衡等。凡此种种，低碳发展谈何容易！

化石能源的历史

人类社会的生存发展离不开能源，能源带来了人类社会的文明进步。在分析地球变暖的原因的时候，人们常常将责任归于人类活动造成二氧化碳等温室气体的增加，由于人类活动排放的二氧化碳的大部分来源于人类使用的化石能源，因此要控制地球变暖的趋势，必先直面化石能源。

化石能源三大巨头，分别是煤炭、石油、天然气。回顾历史，人类的经济和社会在过去的 300 年里面突飞猛进，发生了巨大的变化，其中最重要的推动力量就是工业革命，而工业革命的推动力是能源的使用。

自古以来，各国之间的能源力量并不相同。在工业革命时期，西欧和北美洲每人可得到的能量分别为亚洲每人的 11.5 倍和 29 倍。这也直接导致了各国国力的不同。工业革命发现的能源主要是煤炭、石油和天然气。

在第一个大面积使用的化石能源煤炭之前，人类获取能源的主要方式是烧木材，那时全世界都处于低碳时代，包括欧洲工业革命的发源地英国，到处都是一派秀丽的田园风光。

人类挖掘和使用煤炭的历史很悠久，中国是世界上最早利用煤的国家。辽宁省新乐古文化遗址中，就发现有煤制工艺品，河南巩义市也发现有西汉时用煤饼炼铁的遗址。《山海经》中称煤为“石涅”，魏、晋时称煤为“石墨”或“石炭”。明代李时珍的《本草纲目》首次使用“煤”这一名称。希腊和古罗马也是用煤较早的国家，希腊学者泰奥弗拉斯托斯在公元前约 300 年著有《石史》，其中记载有煤的性质和产地；古罗马大约在 2000 年前已开始用煤加热。

但煤炭的推广并非一帆风顺，在中世纪的欧洲，由于宗教统治者认为煤炭的燃烧会污染空气，对神不敬，所以不允许使用煤炭。在中国古代，煤炭的能源价值也没有被很好地利用。

这一历史改写于英国瓦特发明蒸汽机之后。蒸汽机提供了治理和利用热能、为机械供给推动力的手段，结束了人类对畜力、风力和水力由来已久的依赖。

蒸汽机直接导致煤炭替代木材成为世界最主要的能源。英国早期开采的是一些露天或者位于地表浅层的煤矿。蒸汽机的使用让工业机械自动化的方式替代了以前的手工方式去挖掘煤炭，人类得以开始大面积地挖掘煤炭。与此同时，鼓风机的发明使得开采煤炭更加方便，而且，蒸汽机也让煤炭能源可以大量应用于火车、轮船，最终改变了整个世界。

煤炭产量的提高是非常迅猛的，英国的煤产量从 1770 年的 600 万吨上升到 1800 年的 1200 万吨，进而上升到 1861 年的 5700 万吨。有了煤就能生产更多的铁。英国的铁产量从 1770 年的 5 万吨增长到 1800 年的 13 万吨，进而增长到 1861 年的 380 万吨。铁已丰富和便宜到足以用于一般的建设，因而，人类不仅进入了蒸汽时代，也跨入了钢铁时代。

在煤炭的推动下，英镑迅速超过了荷兰盾，伦敦替代阿姆斯特丹成为世界金融中心，英国也登上了世界霸主地位。

回顾人类历史，我们会发现化石能源主宰着世界国家的实力变化。到1913年，全世界煤炭的总产量达到了创纪录的2.9亿吨，其中英国占了1.1亿吨。当时，英国处于国力巅峰，但此后，英国所占世界主要化石能源的比重逐步下滑，随之下滑的还有英国的国家实力。

接过英国化石能源霸主地位的是美国，因为美国发现了比煤炭更强有力的化石能源——石油。1859年，美国人德鲁克在宾夕法尼亚州的石油溪，第一次用钻井、蒸汽机、管道，打出了世界上第一口油井。后来，德国人奥托发明了四冲程的内燃机，诞生了汽车等产业，使得石油的需求量逐渐增大。到了1966年，世界终于迎来了新的历史时代，石油占世界一次能源的比重首次超过了煤炭的39.8%，达到了40.4%，人类从此进入了石油时代。

在1945年的时候，美国石油开采量占了世界总量的50%左右，石油产量居全世界第一。其中一个重要的原因是第二次世界大战的主战场不在美国本土，当其他国家都忙于战事，无暇顾及石油工业的发展的时候，美国石油工业却得到了飞速发展。随着第二次世界大战后成为世界的老大，美国进一步控制住了世界上的石油资源，而且成功地将美元设计成石油的计价货币，帮助美元成为世界第一货币。

但煤炭的发展并不因为石油成为能源老大就停止了。由于中东战争引起两次全球石油危机，石油价格的暴涨导致了世界经济出现大衰退，这给各国带来了巨大的压力。于是，曾经被抛弃的煤炭又重新得宠。第二次世界石油危机时期，全球煤炭开采总量只有20多亿吨，随后开始迅猛增加，到了1988年达到了48亿吨，煤炭占世界能源的比例继续上升，到2021年，全世界煤炭的产量进一步增加到81.73亿吨。

至于天然气，19世纪后期由美国开始使用。但天然气与石油工业不同，由于运输困难，天然气刚开始并没有形成一个有效的全球市场。因此它的发展相对缓慢，直到第二次世界大战后，输气技术的发展以及石油危机对于天然气生产产生的刺激，还有后来人们对于清洁高效能源的需求，世界天然气工业取得了长足的进步。美国通过页岩气革命，实现了页岩气大规模商业性开采。2020年，中国天然气产量突破了1300亿立方米，首次超越石油产量，这也标志着天然气在中国能源结构中的地位逐步上升。

据第21届世界天然气大会（World Gas Conference，简称WGC）资料，2009年探明的全球天然气储量约152万亿立方米，最大储量超过400万亿立方米，如果把非常规气考虑进去，天然气可以满足21世纪人类的需求，并预测到2015年，天然气产量将超过石油。到2020年，在世界能源消费结构中天然气占29% ~ 30%，石油占27%，煤炭占24%，核电和水电各占8%，其他能源占4%。

根据英国石油公司发布的数据，2012—2020年，全球天然气储量呈现先上升后下降态势。2019年，全球天然气已探明储量为190.30万亿立方米，较2019年下降3.45%。2020年全球天然气探明储量较2019年下降1.16%，至188.10亿立方米。并且最新报告强调，2021年全球石油日总产量为8987万桶，全球天然气总产量为 4.03 万亿立方米。与 2020 年相比，石油产量增长 1.6%，而天然气产量增长 4.8%。国际原子能机构关于 21 世纪世界能源的研究报告指出，约在 2040 年，世界天然气供应量将超过石油和煤炭，届时，天然气所占的世界能源比例是 51.1%。可以看出，天然气将成为首要能源。

回顾这段化石能源史，我们可以发现，由于煤炭是三大化石能源中最容易被挖掘的东西，所以第一个站上了历史舞台。而且与其他能源相比，煤炭具有明显的成本优势。在所有化石能源中，煤炭是最经济的一种能源，同等的发热量，用煤炭的成本只相当于用石油的 30%、天然气的 40%。目前，煤炭消耗量仍占世界一次能源消耗的 27%，世界发电量的 45%。

在工业革命期间，煤炭使用的时间是最长的，和工业革命之间扯不清。但煤炭在制造二氧化碳方面真不是一个好东西，在三大化石能源中破坏力最大。在能耗相同的情况下，煤炭排放二氧化碳的浓度要高出石油排放 30%，而天然气的二氧化碳排放量只有煤炭排放量的 40%。煤炭也是自从工业革命以来，大气层中二氧化碳浓度从 280ppm 上升到 387ppm 罪魁祸首。

1850 年之前，留在大气中的二氧化碳占其总排放量的比例长期稳定，几乎没有什么变化。但随着化石能源的大量使用，从那时到现在，人类排放的二氧化碳量已从每年约 20 亿吨增长至 2020 年的 322.84 亿吨。

也是因为这段使用化石能源的历史，工业革命的获益者——发达国家在 1960 年，人均累计排放量已很高。其中，美国为

234.48吨，英国为177.17吨，加拿大为149.49吨，法国为73.56吨。而1900—2005年，中国人均累计排放量为24.14吨，仅相当于美国或英国1900—1907年这8年的人均累计排放量。

全球能源的增加主要是由化石能源来支撑的，再生能源占的比重极低。比如1975年，全球能耗为60亿吨石油当量，2008年超过110亿吨石油当量，2019年则达到149亿吨石油当量。20世纪80年代前，世界能源需求的增长主要来自欧盟、美、日等发达国家。例如，1965—1979年期间，联邦德国的年石油需求量增加了1倍，达到1.63亿吨；法国增加1.2倍，达到1.19亿吨；意大利增加1倍，达到1.03亿吨。2022年11月，石油输出国组织（Organization of the Petroleum Exporting Countries，简称OPEC）发布《2022年世界石油展望》，上调了全球中长期石油需求的展望。OPEC在报告中说，2023年全球石油需求将增加到1.03亿桶/日，比2022年增加270万桶/日。同时，也上调了到2027年的中期石油需求预期，将2027年中期预计需求量上调至1.07亿桶/日。① OPEC看涨全球石油需求，原因是今明两年复苏势头更为强劲，以及人们的关注点从能源转型转向能源安全。

这些都说明了，化石能源的发展历程也是人类大发展的历程。可以说，人类的发展是需要碳排放大量增长作为代价的。人类只要想发展，就必须增加碳排放，这是绕不过的现状。到现在还没

① https://www.caixin.com/2022-11-01/101958901.html.

有哪个国家能够在完全低碳的发展模式上，实现经济的大增长。这是低碳遇到的最大挑战。

2022 年 6 月，英国石油公布了 2022 年版的《世界能源统计年鉴》，该报告对 2021 年全球能源数据进行了全面收集和分析，结果显示：随着各国逐步解除防疫限制措施，全球经济呈现复苏趋势，在复杂的国际形势下，全球能源系统面临着近 50 年来的最严峻挑战，如何在“安全”“经济”和“低碳”能源这三个问题之间取得平衡变得愈发重要。2021 年，全球能源消耗量增长 5.8%，超过了疫情前的水平，扭转了 2020 年的急剧下降趋势，这一增长主要是由新兴经济体推动的。从能源结构来看，2019—2021 年期间天然能源的增加是完全由可再生能源推动的，全球的天然气和煤炭需求量的增长量恰好抵消了石油需求量的下降量，化石燃料消费量基本保持不变。2021 年化石燃料在主要能源消费中的占比从 2019 年的 83% 降至 82%。[①] 从全球宏观角度来看，全球经济被近两年的新冠疫情重挫，这直接导致了能源消费和碳排放水平的下降。但是，这种减碳不仅需要付出巨大的经济代价，而且是无法重复的偶然性事件。在与 2020 年能源数据甚至更早的数据对比中，我们能够窥探能源转型的不易，人类无法轻言摆脱化石能源。

① https://www.istis.sh.cn/cms/news/article/59/25580.

世界能源分布的无奈

哥本哈根世界气候变化大会期间，权威的世界资源研究所（World Resources Institute，简称 WRI）公布了全球二氧化碳排放前 10 名的数据（见表 7-1）。

表7-1　全球十大温室气体排放国排行榜

国　家	排放量（a）	占全球百分比	人均数（b）*
中　国	7219.2	19.12%	5.5（72）
美　国	6963.8	18.44%	23.5（7）
欧　盟	5047.8	13.37%	10.3（39）
俄罗斯	1960.0	5.19%	13.7（18）
印　度	1852.9	4.91%	1.7（120）
日　本	1342.7	3.56%	10.5（37）
巴　西	1014.1	2.69%	5.4（74）
德　国	977.4	2.59%	11.9（25）
加拿大	731.6	1.94%	22.6（8）
英　国	639.8	1.69%	10.6（36）

* 左边一栏为该国每人平均排放量，括号内为人均量全球排名。

注：（a）计量单位为百万吨，包含 6 种温室气体的排放量，以二氧化碳当量表示；（b）计量单位为吨，按人均量排名的全球四大碳排放国分别为卡塔尔（每人 55 吨）、阿拉伯联合酋长国（38.8 吨）、科威特（35.0 吨）与卢森堡（27.5 吨）。

资料来源：世界资源研究所 2009 气候分析工具，总共评估 186 个国家。数据为 2005 年资料。

从表 7-1 不难看出，中国、美国是世界上碳排放总量最多的国家，要控制二氧化碳排放，中国和美国责无旁贷。2020 年 12 月，联合国环境规划署的《排放差距报告》指出，尽管受到新冠疫情的影响，2020 年全球二氧化碳排放量有所下降，但世界仍朝着截至本世纪末升温突破 3 摄氏度的方向发展。

与此同时，我们先来看看三大化石能源的全球地域分布情况。

煤炭是地球上蕴藏量最丰富、分布地域最广的化石燃料。76 个国家和地区分布有煤炭资源，欧洲、亚洲和北美的煤炭储量较为集中，非洲、中南美洲储量很少。其中有 60 多个国家进行了规模性开采。根据全球煤炭资源的数据显示，世界探明可采储量的煤炭资源为 9842.11 亿吨。尽管全球煤炭资源分布很广，但储量分布极不平衡。

中国煤炭资源虽丰富，但勘探程度较低，经济可采储量较少，煤炭资源的地理分布极不平衡。中国煤炭资源北多南少，西多东少，煤炭资源的分布与消费区分布极不协调。如华东地区的煤炭资源储量的 87% 集中在安徽、山东；中南地区煤炭资源的 72% 集中在河南，西南煤炭资源的 67% 集中在贵州；东北地区相对好一些，但也有 52% 的煤炭资源集中在黑龙江。

石油是目前化石能源中的老大，2020 年世界石油剩余探明储量为 17 万亿桶，2021 年实际产量为 281 亿桶。其中，石油输出国组织剩余探明储量为 12 万亿桶，2021 年实际产量为 107 亿桶。石油作为非可再生资源，其储量十分有限。当前，全球石油开发能力不断提高，根据英国石油公司发布的《世界能源统计年鉴 2021》数据，2012—2020 年，全球石油探明储量整体上呈现上升趋势，但整体储量变化并不明显。

世界石油的分布极端不平衡：从东西半球来看，约 75% 的石油资源集中于东半球，西半球占25%。从南北半球看，石油资源主要集中于北半球。从纬度分布看，主要集中在北纬20°～40°和50°～70°两个纬度带内，而波斯湾及墨西哥湾两大油区和北非油田均处于北纬20°～40°内，该带集中了51.3%的世界石油储量；北纬50°～70°纬度带内有著名的北海油田、俄罗斯伏尔加及西伯利亚油田和阿拉斯加湾油区。从国家层面来看，全球石油储量呈现很明显的集中分布，委内瑞拉（17.8%）、沙特阿拉伯（17.2%）、加拿大（9.8%）、伊朗（9%）和伊拉克（8.4%）牢牢占据着世界的前五强（见表7-2）。

表7-2　世界上石油储量名列前10位的国家排名

国　家	已探明储量（亿桶）	在全球占比
委内瑞拉	3040	17.8%
沙　特	2980	17.2%
加拿大	1700	9.8%
伊　朗	1560	9%
伊拉克	1450	8.4%
俄罗斯	1070	6.2%
科威特	1020	5.9%
阿联酋	980	5.6%
美　国	690	4%
利比亚	480	2.8%

注：石油吨和桶之间的换算关系是：1吨（原油）=7.33桶（原油）

资料来源：英国石油公司《2020年世界能源统计年鉴》

天然气尽管是能源三大巨头中的老幺，但其储存量也不小。据美国能源信息署网站上的最新数据显示，截至2020年底，世界天然气探明储量为 188.1 万亿立方米。其中，北美地区为 15.2 万亿立方米，中南美地区为 7.9 万亿立方米，欧洲地区为 3.2 万亿立方米，前苏联欧亚地区为 56.6 万亿立方米，中东地区为 75.8 万亿立方米，非洲地区为 12.9 万亿立方米，亚太地区为 16.6 万亿立方米。根据英国石油公司（BP）发布的年度报告，截至 2021 年年底，俄罗斯已探明天然气储量全球排名第一，共有 37.4 万亿立方米。排名第二的为伊朗（32.1 万亿立方米），然后是卡塔尔（24.7 万亿立方米）、土库曼斯坦（13.6 万亿立方米）和美国（12.6 万亿立方米）。截至 2021 年年底，BP 评估全球已探明天然气总量为 188.1 万亿立方米（见表 7–3）。

表7–3 全球探明天然气储量大国（截至2021年底）

国 家	储量（万亿立方米）
俄罗斯	37.4
伊 朗	32.1
卡塔尔	24.7
土库曼斯坦	13.6
美 国	12.6

资料来源：英国石油公司年度报告

目前世界上能源消耗、经济总量最大的两个国家就是中国和美国，加上这两个国家都是多煤少油少气的能源存储结构，使得这两个国家更多地依赖煤炭而成为碳排放大国。这是世界二氧化碳排放高增的能源分布结构性因素。其中，美国通过页岩气革命改善了“少气”的能源结构。（作为唯一实现页岩气大规模商业性开采的国家，美国页岩气成本仅仅略高于常规气，页岩气革命在帮助美国能源独立性进一步提升的同时，也能在一定程度上减少美国对煤炭的依赖。）然而，受限于地质复杂性以及尚不成熟的技术，中国无法大规模开采页岩气。尽管中国一直在加快油气储备方面的建设，例如自 2018 年加快天然气产供储销体系建设以来，中国储气规模在 3 年多的时间实现了翻番，但中国对煤炭高度依赖的能源结构并没有得到明显改善。据国家统计局数据，2020 年中国煤炭能源消费量占比 56.8%；石油能源消费量占比 18.9%；天然气能源消费量占比 8.4%；一次电力及其他能源占比 15.9%。2021 年，中国煤炭消费量占能源消费总量的 56%。预计到 2050 年，中国能源结构中煤炭所占比例也不会低于 50%。这些数据，最终导致了中美这两个国家二氧化碳排放量占了世界总排放量的 40%。

当世界局势出现动荡时，尤其当动荡涉及能源储量丰富的国家时，全球能源市场与结构会受到显著影响，且对煤炭的依赖度会上升。历史上爆发的三次世界能源危机都是由世界政局的变化导致的：1973 至 1975 年，阿拉伯石油禁运导致原油价格上涨 3 倍；1979 年至 1980 年，两伊战争导致原油价格上涨 4 倍；1990 至 1992 年，海湾战争导致原油价格上涨 2.5 倍。2022 年，俄乌冲突爆发，俄罗斯预期出口油气量大幅下降，激起市场对油气供应不足的担忧，随着西方国家对俄罗斯进行制裁、禁止能源运输，全球能源短缺愈发严重，引发油气价格大幅上升，全球能源市场动荡。俄乌冲突爆发当天，布伦特原油期货和纽约原油期货价格突破 100 美元 / 桶关口，冲突爆发后的一周内，荷兰 TTF 天然气期货价格快速上涨 120%，这对全球能源市场、能源安全造成了巨大冲击。以欧盟国家之一的德国为例，俄乌冲突爆发前，俄罗斯占德国天然气进口总量的 55%，冲突爆发后，德国暂停“北溪 2 号”天然气管道的认证程序，俄罗斯于 2022 年 7 月对“北溪 1 号”天然气管道的两条支线进行维护，俄罗斯对德国的天然气供应明显下降，引发德国能源价格高涨以及通货膨胀。德国副总理兼经济和气候保护部长罗伯特·哈贝克称，德国正经历最严重的能源危机。在能源严重短缺的情况下，也为避免冬季可能出现的供暖困难，德国已被迫重新利用原计划淘汰的煤炭发电，并呼吁后备煤电站尽快投产。欧洲各国对能源安全问题的反思可能会导致化石燃料的复苏，对气候目标的实现造成重重阻碍，不利于全球低碳化进程。

新能源的阻力

当人们看见化石能源带来的巨大的负面作用的时候，就开始把目光转移到水能、太阳能、风能乃至核能、潮汐能、热能、沼气能、生物质能等各种不同形式的新能源，这些新能源最大的好处就在于基本上不排放二氧化碳。

新能源的发展不是什么新鲜事物，已经有了几十年的历史，新能源与可再生能源经历了三次发展高潮。

世界可再生能源发展的第一次高潮是被第一次石油危机逼出来的。受高油价的影响，美、日、西欧等发达国家和地区经济发展受到了沉重打击，发达国家都建立了自己的可再生能源研发机构，并制订相应的专项计划，加强可再生能源的研究与应用，力图减少对能源的依赖。

第二次高潮是被1992年在巴西里约热内卢召开的联合国环境与发展会议所推动的。这次会议通过了《里约环境与发展宣言》和《21世纪议程》等重要文件，确定了相关环境责任原则，可持续发展的观念也逐渐形成，可再生能源的开发利用再次引起重视，被提到议事日程上。

第三个高潮是进入21世纪以后，随着全球气候问题的日益凸显，以及能源供需矛盾的日益加剧，世界各国从可持续发展的角度和保障能源供给安全的角度，调整了各自的能源政策，进一步将可再生能源发展纳入国家的发展战略。2005年2月16日《京都议定书》正式生效，促进了承担减排义务的各国完成温室气体减排目标，同时发达国家承担了减排二氧化碳等六种温室气体的义务，对新能源和可再生能源的支持力度进一步加大，新能源和可再生能源也开始蓬勃发展。

新能源碳的零排放是诱人的，为此世界各国都制订了雄心勃勃的新能源计划。激励可再生能源发展的政策多种多样，这主要取决于国家目标和条件、引入可再生能源的阶段，如初始阶段、推广阶段、整合阶段等。

其中有几个国家（或地区）表现得比较积极。首先肯定是应对气候变化的旗手欧盟。2007年1月10日，欧盟委员会提出了一项内容广泛的新能源战略，其重点是主张制定欧盟统一的能源政策，加大可再生能源开发和温室气体减排力度。欧盟委员会提出，作为新能源战略的第二大支柱，欧盟要增加能源领域的科研投入，大力开发可再生能源，计划到2020年使可再生能源在能源消费总量中的比重达到20%。实际上，欧盟2020年可再生能源占能源消费总量的比重已经达到22.1%，超额完成了目标。2020年12月，欧盟各国领导人在欧盟冬季峰会上就更高的减碳目标达成一致，约定2030年欧盟碳排放量比1990年要减少55%，并于2050年实现碳中和目标。

其次是美国。美国为适应国内高涨的能源消费需求，决定逐步提高绿色电力的使用比例，并制订了风能、太阳能、生物质能发电的发展计划。根据美国能源信息管理局（Energy Information Administration，简称EIA）发布的《2022年度能源展望》，预计美国可再生能源发电的份额将从2021年的21%增加到2050年的44%。报告预测可再生能源的增长主要为新增风能和太阳能。

日本也毫不示弱。日本于2020年12月提出了“绿色增长计划”，并计划于2050年实现温室气体“净零排放”。2021年7月21日，日本政府经济产业省举行的综合资源能源调查会——基本政策分科委员会上提出“能源基本计划”及能源组合草案。草案预估到2030年时，可再生能源占比将较现在提高逾10个百分点到36% ~ 38%，核能维持目前的20% ~ 22%。[①] 为实现这个目标，日本政府在积极推进技术开发降低太阳能发电系统成本

① https://xueqiu.com/2866092708/190952500.

的同时，进一步落实包括补助金在内的鼓励政策。

中国的新能源计划同样令人憧憬。2020 年 9 月 22 日，习近平主席在第 75 届联合国大会上向国际社会作出中国“二氧化碳排放力争于2030年前达到峰值，努力争取2060年前实现碳中和”的庄严承诺。计划到 2025 年，中国可再生能源发电量将达到 3.3 万亿千瓦时左右，占电力总量的33%。太阳能热利用、地热能供暖、生物质供热、生物质燃料等非电利用规模达到 6000 万吨标准煤以上。中国绿色低碳转型也在持续进行中，并取得了一定成效。据国家统计局数据，2021 年，中国天然气、水电、核电、风电、光电等清洁能源消费量占能源消费总量的25.5%；2022年上半年，中国水电、核电、风电、光电等清洁能源发电量为1.2万亿千瓦时。

从这些雄心勃勃的新能源规划来看，有喜有悲。因为即使是最乐观的欧盟也才设定了在 2030 年可再生能源占总能耗比重 32% 的目标。估计在 2050 年前，化石能源还会持续主导世界的能源供应，在化石能源持续高强度排放二氧化碳的情况下，新能源发展带来的低碳效应并不显著。

国际能源署发布的《世界能源展望 2021》报告指出，新能源经济正在全球兴起，但其发展速度还不足以到 2050 年实现净零排放。报告认为，即使太阳能和风能装机规模不断增长，2021 年全球煤炭消费量仍增长强劲，导致碳排放量将达到历史第二大增长幅度；到 2050 年各种化石燃料仍将继续为全球能源稳定供应作出重大贡献。2021 年，中国石油发布最新版《2060 年世界与中国能源展望》，展望未来，全球能源业正加速驶入绿色低碳转型轨道，而能源转型发展又是一个复杂艰巨的过程。报告认为，2040年前石油天然气仍将维持世界主体能源地位，占一次能源比重将保持在50%左右，其中，石油占比处于18%～30%区间，天然气占比处于25%～28%区间。合作减排情境下，2040年后，油气占比将下降，到2060年降至23%。

2021年5月，国际能源署发布了《全球能源部门"2050年净零排放路线图》"，描绘了一个范围狭小但可实现的路线图，旨在将全球温升稳定在1.5摄氏度，并实现与能源相关的其他可持续发展目标。然而，当前形势走向与之相去甚远。

这些残酷的数字告诉我们，新能源的发展还有很大的阻力，全球寄予厚望的新能源仍难以完全代替化石能源。未来几十年，能源系统面临的压力并不会减轻，与此同时，现代能源与全球人口的生活和期望密切相关。到2050年，全球新增人口数量将达到20亿。届时，收入的增加将推动对能源服务需求的增长，许多发展中经济体处于城市化和工业化的能源和排放密集型时期。现有的能源系统无法应对这些挑战，亟待启动一场低碳排放革命。

为此，我们以几种主要的新能源为例分析一下它们遇到的阻力。

核电的安全之忧

核电是一种安全、清洁、经济、高效的能源，自20世纪50年代世界上第一座核电站建成以来，越来越受到人们的重视。许多国家先后建造了核电站，截至2021年底，全球拥有在运或在建核电站的国家有33个；其中中国在运行核电机组54台，年发电量407太瓦时。2021年8月，国际原子能机构（International Atomic Energy Agency，简称IAEA）发布了《2021年核技术评论》，在高增长假设方案下，预计至2050年，全球核电装机容量将增加82%，达到715GWe（千兆瓦电力），占全球发电容量的11%；在低增长假设方案下，预计至2050年，全球核电装机容量将减少7%，降至363GWe，占全球发电容量的6%。目前，核电已经与水电、火电一起成为支撑世界电源的三大支柱。

与水电、火电相比，核电是一种经济的能源。从投入产出分析看，建造核电站一次性投资很大。但是衡量核电站的经济性，需要从运行之后燃料消耗、设备折旧、维护管理等费用上进行全过程、全方位的计算。对核电与煤电的成本进行比较发现：法国的煤电成本是核电的1.75倍，德国为1.64倍，意大利为1.57倍，日本为1.51倍，韩国为1.7倍，而美国的核电成本早在1962年就低于煤电成本了。

核电的前景很美好，但在现实中，发展核电有着巨大的挑战。最大的阻力来自民众对核电安全的担忧。核电在20世纪80年代的欧洲国家发展是非常积极的，但是苏联的切尔诺贝利核电站的泄漏事件让全世界核电发展陷入低谷。

1986年4月26日凌晨，位于苏联乌克兰加盟共和国首府基辅以北130公里处的切尔诺贝利核电站发生猛烈爆炸，反应堆机房的建筑遭到毁坏，同时发生了火灾，反应堆内的放射物质大量外泄，周围环境受到严重污染，造成了核电史上迄今为止最严重的事故。切尔诺贝利核电站发生事故后5个多月才恢复发电，使苏联蒙受了巨大损失。据苏联官方公布，这起事故造成的直接经济损失达20亿卢布（约合29亿美元），如果把苏联在旅游、外贸和农业方面的损失合在一起，可能达到数千亿美元。同时，在核事故的危害下有33人死亡，300多人因受到严重辐射先后被送入医院抢救，还有更多的人受到不同程度的辐射污染。为了防止进一步的辐射，苏联将28万多人疏散到了辐射区以外。

切尔诺贝利事件之后，核电发展经常会遇到巨大的民众舆论压力。德国绿党的前党魁费舍尔就是靠反对核电的游行脱颖而出的。所以现在的核电主要集中在中国和印度等亚太地区的新兴发展中国家，而欧洲的核电发展进入了一种相对停滞的状态。在新能源规划中，英国压根儿就没有考虑过核电。

资金也是制约核电发展的主要因素。目前核电的投资成本过高，一个核电厂的建设需要几百亿元人民币，耗资巨大。大规模发展核电还存在着厂址选择的问题，核电厂选址条件很严格，因此适合建造核电厂的地方也不那么容易找。

太阳能的污染之苦

太阳能的发展历史比核能要长得多，已经有100多年的历史了。1878年，一个小的太阳能动力站在巴黎建立，该装置是一个小型点聚集太阳能热动力系统，盘式抛物面反射镜将阳光聚焦到置于其焦点处的蒸汽锅炉，由此产生的蒸汽驱动一个很小的互交式蒸汽机运行。1901 年，美国工程师研制成功 7350 瓦的太阳能蒸汽机，采用 70 平方米的太阳聚光集热器，该装置安装在美国加利福尼亚州做实验运行。1950 年，苏联设计了世界上第一座塔式太阳能热发电站的小型实验装置，对太阳能热发电技术进行了广泛的、基础性的探索和研究。1952 年，法国国家科学研究中心在比利牛斯山东部建成一座功率为 1000 千瓦的太阳炉。

1973 年，世界石油危机的爆发刺激了人们对太阳能技术的研究与开发。相对于太阳能电池的价格昂贵、效率较低，太阳能热发电的效率较高、技术比较成熟。许多工业发达国家，都将太阳能热发电技术作为国家研究开发的重点。1981 至 1991 年的 10 年间，全世界建造了装机容量 500 千瓦以上的各种不同形式的 1000 千瓦级太阳能热发电试验电站共 20 余座，其中主要形式是塔式电站，最大发电功率为 8000 万千瓦。

尽管太阳能一直是被当作环保无污染的可再生能源重点发展，但事实上，计算能源的环保性不应该只看到产业链最末端其发挥作用的环节，更应该关注到制造过程中其上下游产业链的能耗、污染和排放。太阳能产业的核心是多晶硅，1000 瓦光能需要 10 公斤多晶硅，制造这些多晶硅需要 6000 千瓦时左右的电能，排放超过 40 千克的有毒物质。按照每天发电 8 小时，每年工作 250 天计算，那么制造这些多晶硅的电源如果要多晶硅本身来提供的话，需要其 3 ~ 5 年的净发电量才能实现。但实际上这是不可能的，光电的单位发电量固定资产投资是火电的 2 ~ 3 倍，光能发电的成本是火电的 11 ～ 18 倍，如果我们把固定资产增加的排放以及制造多晶硅时污染治理的排放、运营增加的排放以及产业链的其他排放算入光能发电的排放中，我们会发现太阳能的排放远超传统能源的排放。

还有，太阳能这种靠光转化为能量的技术转化率在很长时间内并没有得到很大的提升。绝大部分太阳能产品的能量转化率一直低于 16%，极低的转化率导致了太阳能成本的偏高。但近年来，以中国为首的光伏技术已得到长足的发展，成本也有所降低。2021 年，中国最低光伏上网电价已经低至 0.1476 元 / 千瓦时。从这个角度看，太阳能发展的未来是比较乐观的。

风能的稳定之忧

风能也许是大自然给人类最大的能源恩赐。目前，按在 80 米高度处 6.9 米 / 秒的风速来计算，全球风能可利用资源量为 72 万亿千瓦。即使只成功利用了其中的 20%，依然相当于世界能源消费量的总和或电力需求的 7 倍，因此也就有了巨大的发展空间。全球风能委员会发布《全球风能报告 2022》指出，2021 年全球新增近 94 吉瓦风电装机，累计装机量达到 837 吉瓦，为历史第二高年份，但是若想实现本世纪末全球温升 1.5 摄氏度以内及 2050 年净零排放的目标，到 2030 年，风电的年安装量需要翻两番。

无独有偶，和太阳能一样，风电在产业链末端的发电环节是环保的，但纵观其产业链，我们发现风能产业在风机制造环节是存在重大污染的，从钢铁冶炼到污染极大的铸造以及后续加工安装，乃至风机每年一换且无法回收的润滑油。

风电的成本偏贵，发电成本约是煤电的两倍。这种高成本首先源于其单位发电量固定资产投资是火电投资的 3 倍。

其次，风叶片使用寿命也容易受外界环境的影响。在中国 2010 年两会期间，工业和信息化部副部长苗圩在参加湖北团小组讨论时语出惊人："国内纷纷上马的风力发电厂大多是形象工程。"他认为中国风沙伴存，风电设备受风沙磨损大，上马太多风电项目不合中国国情。他进一步指出，再过 5 年，风电设备寿命肯定要出问题。苗圩同时认为，国外有风的地方没有沙，比如海洋风。中国是有风的地方就有沙，风沙对风力发电设备磨损非常厉害。风能发电风机应该是 20 年的寿命，但如果有风沙的侵蚀，寿命则一定不足 20 年。风电设备寿命的缩短，无疑进一步提高了风电的成本。

最后，风电最大的两个弊端在于发电随机性和逆调峰性。发电随机性是指风力大小是完全由大自然决定的，风力时小时大的不稳定状况较为常见，从而导致发电电量和电流的不受控制。无法精准控制电力输出值会导致风电对于要求极高稳定性的电网来说是个不确定因素，从而导致冲击电网承受能力、电网超载、电力流失等负面问题的出现。而逆调峰性是指风力的发电高峰与人类活动所需的用电高峰相反，大自然中风力通常呈现日间小、夜间大的特性，而人类生产生活中所产生的用电需求多集中于日间，供需峰值的时间不匹配对于风电的储存、调峰能力提出了较高要求。但风电储能会导致该风电项目成本增加30%～60%，“风电+配储”模式直至2020年才正式从理论走向实践。

这些因素综合起来，直接制约了风电的发展。

水电的生态之殇

工业化以后，特别是发明电以后，利用水力发电造福人类，一度成为人类文明进步的象征。到20世纪初，建筑大型水坝成了发展和进步的同义词，仅以美国20世纪三四十年代建成的不少重要水坝和水电站纷纷以总统的名字命名的举动，就不难看出当时的国际社会对大型水坝的仰慕以及对能够建成水电站的自豪心情。

由于建坝被视为人类控制、利用资源能力的象征，水坝建设风起云涌，至20世纪70年代达到顶峰。当时，全世界几乎每天都有两三座新建的水坝交付使用。根据有关组织的统计，至20世纪末，世界上有24个国家的90%电力来自水电，有30%的国家的水电比重超过50%。

而中国能源总储量的构成为原煤85.1%，水能11.9%，原油2.7%，天然气0.3%；能源剩余可开发总储量的构成为原煤51.4%，水能44.6%，原油2.9%，天然气1.1%。中国常规能源资源以煤炭和水能为主，水能仅次于煤炭，居于十分重要的地位。事实上，中国也在水电发展上受益颇多。根据国家能源局公布数据，2021 年全国水电装机容量为 3.9 亿千瓦。水力发电是全球单体规模最大的可持续发电设备，远超太阳能风能。水电的开发目前看起来很清洁环保，但同样也面临巨大的挑战。

最大挑战来自环保。中国三峡大坝是世界上最大的水电工程，确实发挥了巨大的作用。三峡水电站替代燃煤电厂，相当于 7 座 260 万千瓦的火电站，每年可减少燃煤 5000 万吨，少排放二氧化碳约 1 亿吨、二氧化硫 200 万吨、一氧化碳约 1 万吨、氮氧化合物约 37 万吨以及大量的工业废物。这对减轻中国和周边国家及地区的环境污染和酸雨等危害有巨大的作用。

但三峡大坝修成后，也导致了众多的生态破坏。库区山高坡陡，石漠化现象相当突出，水土流失面积占 48.6%，大量的坡耕地、劣质耕地需要改造。可以说，水电的建设还是伴随着巨大的环境破坏。人类为了应对地球变暖而不顾环境破坏，也不是一件明智的事情。

世界上适合水电发展的地方并不多，长江和亚马孙河这样有巨大水流量的江河并不多，而且很多河流跨越了几个国家，容易受到复杂的国际政治的影响。比如雅鲁藏布江水电资源丰富，但由于是恒河的上游，中国要想开发水电就没有那么容易了，所以世界水电能源的开发空间是极其有限的。

随着水电资源开发的剩余空间越来越小，导致水电站的位置越来越偏远，这也直接造成了建设难度越来越大。发达国家水电开发起步较早，相应的剩余开发空间也较少。法国的水电资源开发程度已经达到 88%，日本 73%，美国 67%。中国已经是全球水电发电量最大的国家，但水电的开发程度仅有39%左右。与发达国家相比，这个数值还不算高。这意味着中国水电建设还有一定的开发空间，但将来难度也会越来越大。

根据官方公布的数据分析，近年来，中国水力发电量总体上呈上升趋势，2020年，中国水电总发电量为12140.3亿千瓦时，占全部可再生能源发电量的61.19%，相对于2019年增长了5.25%。总体上来说，中国各区域水电发电量逐年递增。分区域来看，四个区域之间的差距逐渐扩大。到2020年，中国水电发展到3.28亿千瓦规模时，东部地区开发总规模将达到2900万千瓦，占全国的9%，水力资源基本开发完毕；中部地区总规模为7200万千瓦，占全国的22%，其开发程度达到90%以上；西部地区总规模为2.27亿千瓦，占全国的69%，其开发程度达到51.5%。

当看到新能源有这么多挑战的时候，我们就能够更加清晰地明白，为何在20年内新能源难以取代传统的化石能源。道达尔公司对未来能源构成的预测是，到2030年，化石能源占能源的比例依旧会占到75%。

新能源消纳问题

在“十三五”期间，新能源弃电率高成为困扰新能源发展的主要问题之一。新能源弃电现象主要存在于光电、风电、水电三个领域，被称为“弃风”“弃光”“弃水”的“三弃”问题，受到了政府及社会各界的广泛关注。由于经济增速放缓，电力需求下降导致产能过剩，核电的消纳问题也愈加严重。

新能源的消纳问题主要表现为：随着发电设施的大规模建设，发电量不断提高；而新能源发电大省与能源需求大省的不匹配、经济下行能源需求降低等问题导致供需失衡，从而导致较高的弃电率。“十二五”期间中国将新能源产业列入了国家重点支持的领域之一，各地方也制定了很多优惠政策，导致新能源装机容量迅速增长。而风光大省多集中于西北地区，水能大省位于西南地区，经济发展水平较低，自身电力消纳能力较弱，省内电力需求较低，大量富余电力需要外送。而在新能源发电设施完善的同时，区域间电网的建立却未能及时跟上，导致富余电力向省外输送能力有限，最终导致新能源生产大省电力产能过剩，因此产生弃电现象。

在风电、光电方面，中国近年来风电和光伏发电产业迅猛发展。在2010—2021年间，中国风电累计装机容量快速上升，从3107万千瓦增长至3亿千瓦，总装机规模已连续12年稳居全球第一；光伏发电累计装机容量在2021年同样达到3.06亿千瓦，连续7年稳居全球首位。而与迅速增长的装机容量形成对比的是弃风、弃光率。西北地区既是风光大省，也是弃风、弃光问题的重灾区。2015—2016年间是甘肃省弃电率最高的年度，弃风率高达44%，位列全国之首，弃光率也有26%；2017年西北5省的全年光伏发电量为407.3亿千瓦时，弃光电量为66.7亿千瓦时，弃光率达到14.1%，其中新疆弃光率达到21.6%，位居全国榜首。

而在西北地区电网建设逐渐完善、取消新能源发电补贴后，弃风、弃光率逐年下降，至2019年，新疆、甘肃的弃风率分别为14%、8%；2021年青海、蒙西（内蒙古西部经济区）弃风率分别达到12.1%和13.3%；2021年西藏、青海弃光率分别为24.6%和10.1%。数据显示，一度弃电率较高的西北、东北地区目前正再度进入新一轮新能源发电设施建设的高潮，开展建设风电大基地2.0，电网消纳问题恐再度来袭。

在水电方面，弃水问题主要发生在四川和云南两省。2020年，全国主要流域弃水电量约为301亿千瓦时，四川弃水电量为202亿千瓦时，其中大渡河流域弃水电量约占四川全省的53%，甚至成为全国弃水的重灾区，在2021年一季度国家能源局发布会上被点名。大渡河流域预计“十四五”规划期间建成的水电站也正面临着“投产即弃电”的问题。而云南省2020年正式结束自“十二五”中期以来的弃水问题，2019年弃水电量仅17亿千瓦时，相较于2016年弃水电量的历史高峰315亿千瓦时有着较大幅度的降低。

与上述新能源弃电问题类似，核电的消纳问题同样受到经济下行压力和电力需求下降的影响，也同样在一定程度上制约了核电的健康发展。在2017年上半年，全国共有5座核电站9台核电机组作出降功率或停机调整，例如位于辽宁的红沿河核电站1—4号机组，上半年设备平均利用率分别为86%、37%、32%、39%。2022年1月27日，中国核能行业协会发布2021年1—12月全国核电运行情况。截至2021年12月31日，中国运行核电机组共53台，装机容量为54646.95MWe（额定装机容量）。2021年全国累计发电量为81121.8亿千瓦时，运行核电机组累计发电量为4071.41亿千瓦时，占全国累计发电量的5.02%。[①]

① https://news.bjx.com.cn/html/20220128/1201995.shtml.

结 语

核电有安全之忧、太阳能有污染之苦、风能有稳定之忧、水电有生态之殇，有人会说，那生物能源怎么样呢？其实人们对生物能源的发展也是有顾虑的。

首先是各国对生物柴油的排放是否环保，特别是当大规模使用时仍存有疑虑；其次是生物燃料的原料需求会影响到粮食作物的种植，从而给人类粮食供应带来冲击，特别是对仍未解决人民温饱问题的广大发展中国家而言，影响更大。至于潮汐能、沼气能、热能等，它们在世界能源结构中所占比例极小，要想登上能源的大舞台需要更漫长的时间。

因为以上种种阻力，世界各国都在努力寻找能源发展的突破口。

低碳是如此之难，却又是未来发展方向，低碳是巨大的挑战也是难得的机遇，面对低碳的“火热”与“阻力”，中国该怎么办？这是本书下篇将要回答的问题。

下篇

低碳，中国怎么办？

从上篇“低碳为何这么热”和中篇“低碳为何这么难”，我们不难看出低碳的两面性。世界各国该如何面对集天使与魔鬼、火与冰、快乐与痛苦、挑战与机遇于一身的低碳？

任何事物都有两面性，但是要看其主要方面是什么。目前世界主流的观点是，要积极面对气候变化，将推行低碳发展作为一个主选项，而将各种质疑放在一个副选项。中国作为一个负责任的大国，自然应该顺应潮流，发展低碳。然而，发展低碳既不能高歌猛进，也不能保守停滞，在中国现阶段，减碳，才是中国正道，这就是本书的核心观点。

战略方针既定，那就需要因地制宜、因时制宜，理性地思考战术方法的问题。

第八章　中国低碳的难言之隐

中国目前是世界上碳排放量的第一大国，主要原因是中国有太多的难言之隐。

中国人追求国强民富的梦想，让中国的工业化和城市化进程一日千里，同时由于节能降耗的科学技术发展不到位，短期内无法实现能源利用的更新换代，能源消耗量急剧上升的事实还将长期存在。

随着欧美国家的产业升级，它们将大量低附加值、高污染的产业转移到了发展中国家。由于中国拥有大量的人口，具备优势明显的制造成本，使得中国成为“世界工厂”，从而也承担了西方国家的碳转移。

以上种种极富中国本土特点的难言之隐，加上高碳的“锁定效应”，中国发展低碳谈何容易？

民族复兴的梦想

1963 年 8 月 23 日，马丁·路德·金在华盛顿林肯纪念堂前发表了《我有一个梦想》的著名演讲，感染了无数的人，推动了美国黑人人权运动。而对于中国人而言，同样也有一个梦想，那就是中华民族实现伟大复兴，实现国强民富。

中国人国强民富的梦想由来已久，其思想根源在于近代以来长达百余年的中华民族屈辱史。

从鸦片战争开始，中国在世界上的地位江河日下，1840 年，帝国主义的坚船利炮轰开了中国的大门，而那时中国国内生产总值总量仍然占了全球国内生产总值的 30%。

鸦片战争之后的中国历经内忧外患，军阀混战，民不聊生。在无数次的战争之后，国力衰竭，一穷二白，到 1949 年中华人民共和国刚刚成立的时候，国内生产总值总量占全世界国内生产总值的比重大约是 4%。而到了 1979 年，这一经济指标的比重继续下滑到了只有 3%，中国经济基本上已经处于崩溃的边缘。

改革开放这一伟大政策挽救了中国。改革开放 40 年以来，中国经济突飞猛进，正在实现强国之梦。中国的国内生产总值总量上升到 2009 年世界第三，到 2010 年第二季度，中国超过日本，成为仅次于美国的世界第二，2010 年全年国内生产总值总量在 5.3 万亿美元以上，约相当于美国经济总量的 1/3。2021 年中国国内生产总值达 114.37 万亿元，经济增速高于 6% 以上的预期目标，在全球主要经济体中名列前茅，2021 年末，外汇储备余额为 32502 亿美元，稳居世界第一。

从政府角度来讲，共同富裕是中国共产党的历史使命，是中国现代化的重要特征。中国只有加快发展，才能解决民富的问题。中国要发展，实现国强民富的梦想，最主要的手段就是从城市化与工业化这两个方面入手。

中国的城市化在改革开放 40 年间可以说是发生了天翻地覆的变化。1978 年中国的城市化率只有 18%，之后每年以将近一个百分点左右的速度增长，2021 年末，中国常住人口城镇化率达到 64.72%。城市化进程带动了二氧化碳排放量的大幅增长，让中国于 2008 年成为世界上二氧化碳排放量最大的国家，然而这一情况还将继续保持下去，因为与发达国家的 70% ~ 80%的城市化率相比，中国城市化率还相距甚远。中国在未来的 30 年中还会有一场波澜壮阔的城市化进程。数以亿计的人口进城必将带来巨大的能源消耗和巨大的二氧化碳排放。

中国城市化的另一股强大推动力是中国依赖投资的经济增长模式。中国拥有非常高的储蓄率，因而很容易转化为投资，而投资更多地运用到了基础设施建设、城市建设等方面，中国的城市化进程最终在几股合力的作用下热火朝天地展开了。

随着房地产调控政策的稳步推进，房地产开发企业发展更加稳健，房地产行业正在向着集约、高效、长期、健康、稳定的方向发展和转变。

与中国城市化进程并驾齐驱的是中国的工业化进程。中国工业增加值占经济总量的比重始终保持在一个较高水平，2017 年至 2021 年第二产业增加值占经济总量比重平均达到 39.08%。

城市化和工业化如同两台高速运转的发动机，带动了中国经济的飞速发展，进而促使中国二氧化碳排放量的激增。在工业能耗比较大的国家，经济发展总量与碳排放量之间具有高度的正相关性。但是敏锐的读者会提出一个问题，为何国内生产总值高达 14 万亿美元的美国的二氧化碳排放量比国内生产总值是其 77% 的中国还低呢？原因是多方面的，其中很重要的一点就是中国目前的科学技术仍要落后于美国这样的发达国家。目前先进的环境友善技术（包括能效技术、低碳技术和适应技术）主要由发达国家的企业和政府掌握。中国由于自身经济、技术能力和研发投入等不足，在能源效率、可再生能源利用和适应气候变化等方面都处于落后地位。

中国工业发展经历了 40 年的改革开放历程，工业化水平大幅度提高，对中国经济高速增长、从低收入国家迈向中等收入国家起了决定性的作用。目前中国正处于一个工业化中期的阶段，中国的工业领域能源消费量占全国总体消费量的 65% 左右，而且其增长速度高于能源总消费量的增长速度。40 多年来中国能源总消耗量快速增加，其能耗增加量主要来源于工业能耗。中国能源的总消耗量由 2000 年的 13 亿吨标准煤增加到 2009 年的 29 亿吨标准煤，再到 2021 年增加到 52.4 亿吨标准煤。其中，工业能源消费量的年均增加量占到了总消耗年均增加量的65%左右。

中国二氧化碳的排放量，其根源在于目前中国的工业结构。中国的工业结构是高耗能结构，这又和中国目前的经济结构有直接关系。中国经济结构中工业比重最大，排第一位，服务业和农业紧随其后。工业中，中国的高耗能工业占的比重大，高科技工业占的比重小，高耗能工业为主的经济结构意味着能耗必定非常大。

中国的一次能源结构以煤为主的特点在工业领域尤显突出，工业一次能源消耗量中煤炭消耗所占比重高达80%以上，中国煤炭消费的主要部门——工业部门理所当然地成为大气污染的主要污染源，因而中国的工业化进程必然加大碳排放量。

工业化和城市化这两大趋势是目前推动中国经济发展的强大动力，这两大动力决定了中国必定是一个二氧化碳排放量非常高的国家，而且暂时还停止不了。

目前，除了北欧几个富裕的小国能实现低碳发展，世界上绝大多数国家，无论是最发达的美国和日本，还是应对气候变化的先锋力量英、法、德等国，都还没有真正成为低碳国家。所以尚处于发展中的中国要想建立起低碳社会，难度可想而知。

近年来，中国政府高度重视工业绿色低碳发展，采取了一系列政策和措施。经过多年的努力，中国工业低碳发展取得了较为显著的成效。工业碳排放量高速增长的局面已被扭转，工业碳排放强度显著降低。但与国际先进水平相比，中国工业能源消耗强度仍存在差距。当前，中国工业化进程尚未完成，能源供给保障与国家发展以及经济社会的安全与稳定，关系紧密。在较短时间内集中式改变现有能源供给结构，既无法满足经济发展的增量需求，也难以保障社会正常运转的存量需求。

正确认识中国能源供给和转型的核心问题，对于中国推动能源领域完成“双碳”目标，具有重要指导作用。2021年中央经济工作会议明确提出，要立足以煤为主的基本国情，这将对中国能源结构转型路径和进程发展产生重要的影响。传统能源的高效利用，特别是煤炭的清洁化应用，将成为下一阶段能源领域绿色发展的重要环节。

中国排碳，世界消费

改革开放以后，中国出口型经济得到了迅猛的发展。2009年，中国的出口额超过德国，成为世界第一大出口国，金额超过1.2万亿美元，折合人民币近9万亿元。到2021年，中国货物贸易进出口总额为39.1万亿元，占国内生产总值的比重超过34%。这样一个庞大的产业，形成了中国经济对出口的依赖性，进出口额占国内生产总值的比重累积起来达到了50%，单纯的出口占国内生产总值比重达到了30%，这是一个惊人的数字。

2021年末，中国人口数量为14.12亿人[①]，有着巨额的就业人口。党的十八大以来，党中央高度重视就业工作，把就业摆在“六稳”“六保”首位。伴随着经济转型升级、供给侧结构性改革以及高质量发展的持续推进，新业态新模式层出不穷，中国就业结构持续优化。面对全球化的历史性困局，中国提出了双循环应对战略，这既是中国着眼解决中长期问题、做好打持久战准备作出

① http://www.stats.gov.cn/sj/sjjd/202302/t20230202_1896587.html

的重大决策，也是实现稳增长和防风险长期均衡的重要途径。目前，海外需求下降、国内经济下行压力加大，中国经济开启了内外“双循环”模式。国内大循环，关键在内需。新就业形态创造了大量工作岗位，拓宽了就业渠道，保住了千万劳动者的“饭碗”，也就保障了内需。“以国内大循环为主体、国内国际双循环相互促进”的新发展格局，是事关全局的系统性深层次变革，是中国“十四五”期间发展的重点战略和未来一段时间经济发展的战略主轴，必将对中国乃至世界经济发展产生重大而深远的影响。

“双循环”新发展格局有利于全球大宗商品资源的优化配置，但随着国内外碳市场的逐步接轨，以及欧美呼之欲出的碳关税政策，全球产业格局将随之发生深刻变革。欧盟碳市场是世界上最成熟的碳市场，中欧碳市目前存在较大价差，碳价差距使欧盟认为区域间产业竞争不公平，会出现碳转移、碳泄漏等问题。

碳关税最早由法国前总统雅克·勒内·希拉克提出，他认为欧盟国家应针对未遵守 2005 年 2 月生效的《京都议定书》的国家征收商品进口税，否则在欧盟碳排放交易机制运行后，欧盟国家生产的商品将遭受不公平的竞争。所谓碳关税指的是对高耗能产品进口征收特别的二氧化碳排放关税。2009 年 6 月 26 日，美国众议院通过《美国清洁能源与安全法案》，授权美国政府对因拒绝减排而获得竞争优势的国家的出口产品征收碳关税。尽管这一法案暂时还没有在美国参议院获得通过，但该法案已引起了人们的强烈反应，在国际社会展开了关于美国此举到底是为了环境保护还是为了贸易保护的争论。

碳关税由西方国家提出，从辩证的角度看，一方面有利于世界环境的保护，对人类应对气候变化的挑战有积极意义；另一方面，西方国家希望利用自身产业结构的特点，将碳关税作为一种武器，来打压产业结构中技术含量低的发展中国家，其目的是进一步保护和稳固自身的发展优势。

具体地说，由于发达国家产业结构以服务业为主，而服务业的碳排放量远远低于工业产业的排放量，并且发达国家还拥有二氧化碳减排的技术优势，所以发达国家给碳关税披上一件环境保护的美丽外套，从而掩盖它的真实目的，即通过碳关税确保自身优势，拉开与发展中国家的差距。

英国、美国、德国、西班牙、葡萄牙等相继开启工业化进程后，世界经济进入到西方国家主导的工业化时代。得工业化先行之利的西方国家，在跨国资本逐利动机驱动下，不断扩张其主导的国际分工体系，并于20世纪90年代中后期形成了以美国为治理核心的全球价值链分工体系。以中国为代表的发展中国家则通过承接劳动密集型产业转移，或者承接全球价值链劳动密集型环节等形式，融入国际分工体系并推动自身工业化、现代化进程。由于中国等发展中国家持续性地处于工业化阶段，不可避免地面临高碳排放的问题。

中国向低碳发展模式的转变离不开中国在国际产业分工角色的转变。中国在未来应着力推动产业链通过循环链接方式加速构建产业集群，形成以碳达峰、碳中和为导向的产业空间布局。在国际分工中主动加强绿色低碳产业合作，以国内大循环为主体，通过国内国际双循环相互促进，打造以服务碳达峰、碳中和需求为导向的全球产业链布局。

目前，中国工业化进程遇到了百年未有之大变局：一是全球化深化，产业分工由行业分工转向产业链分工，工业化的市场环境发生较大变化；二是气候变化问题成为影响工业化发展路径的最大因素；三是新工业革命兴起，工业的绿色低碳化发展，与智能化、服务化的发展趋势一起，正在重构全球产业体系和竞争格局。

2021 年，美国总统拜登邀请 40 位国家和国际组织领导人于 2021 年 4 月下旬召开了全球气候峰会，使全球低碳经济竞争逐渐进入白热化阶段，堪称一场新型“全球绿色低碳经济战争”。

与此同时，中国由于产业结构的问题，一直处于世界产业链的低端，赚的都是血汗钱，其中原因与中国的劳动力水平、劳动力就业市场等是密不可分的。随着中国的劳动力成本不断上升，一些劳动密集型产业正在从中国向周边成本更低的发展中国家转移甚至向发达国家回流。经过 40 多年的发展，中国已经成为最大的外汇储备国，随着国内生产成本的上涨，一大批中国企业开始加快对外投资的步伐。随着技术、管理水平的提升，国内产业发展正从低端向中高端水平迈进，中国在全球价值链中的分工地位也正在向中高端攀升。

应对国际分工格局变化、提高国际分工地位，根本上还是要练好内功，提高自身的产业发展水平和国际竞争力。未来五到十年，正是中国产业竞争力来源发生转变和制造业由大到强的关键时期，要促进传统优势产业转型升级，培育发展战略性新兴产业，发展低碳技术，推进产业结构的转型与升级，以提升中国在国际分工中的地位。

减碳与发展，长期来看两者并不冲突，中国经济从高能耗型向绿色低碳型转型大势已定、不可逆转，转型过程当中也必将催生规模巨大的新产业，为经济增长提供强劲的新动力。

高碳的“锁定效应”

“低碳”与“高碳”是水火不相容的，发展低碳就意味着要扼杀高碳，而“高碳”的存在，有着更为悠久的历史传统和稳固的制度体系。以钢铁为例，从工业革命开始，到现在有两三百年的历史，庞大复杂的“高碳”工业的体系早已将它的触角延伸到世界的每个角落，根基牢固，不可动摇。石油、煤炭工业的蓬勃发展对低碳经济形成巨大的阻力。应该看到，这种“高碳”体系是由我们目前的经济和工业结构决定的，它不是永久的，是阶段性的，但也很难摆脱。

发展低碳经济的道路是坎坷不平的，低碳经济的发展速度远远不如互联网的普及速度。互联网刚诞生的时候，除了一些平面媒体软弱无力的哀叹以外，几乎没有抗衡的对手，它如同一匹骏马在广阔的原野间自由地呼吸、奔跑、成长，所以互联网能够有快速爆炸式的发展。与互联网截然不同，“低碳”有着强大的对手“高碳”，要想把高碳消灭掉难度非同小可。因为高碳产业的历史渊源和经济结构、就业、科技发展水平、能源结构等都是紧密联系的，对“高碳”产业的触碰是牵一发而动全身的。

2019年，钢铁行业的碳排放量仍然占中国总排放量的17%，仅次于能源行业。而到了2021年，随着中国经济逐渐从疫情中复苏，钢铁产量继续上升，金属矿采选业投资一年间就增长了26.9%。

这不得不让人感到奇怪：钢铁行业过剩已经成为不争的事实，而且国家曾多次下达抑制过剩的调控政策，但依然无法浇灭钢铁行业的高投资欲望。钢铁行业是典型的高耗能、高碳行业，其中的支撑因素到底是什么呢？这背后主要是一种高碳的“锁定效应”在作怪，直接导致了中国经济对高碳有着一种非常强的路径依赖。

在事物发展过程中，人们对初始路径和规则的选择具有依赖性，一旦作出选择，就很难改弦易辙，以至在演进过程中进入一种类似于“锁定”的状态，这种现象简称“锁定效应”。

高碳的“锁定效应”，是指在发展中国家工业化过程中建成的生产设施具有资本密集度高、排放强度大、使用寿命长等特点，一旦装备了低效率、高排放的技术，其高排放的特性将在很长时间内被锁定，否则将导致巨大的重置成本。

有研究指出，工业经济处在碳锁定的状态，尤其是锁定在碳密集的化石燃料能源系统，这是由技术和制度共同演进的过程中路径依赖的报酬递增所引起的。

碳锁定是一种产生于工业国家历史发展路径的状态，这种状态也被称为“技术—制度复合体”，它是由技术系统与管理其扩散和应用的公共与私营机构组成的。技术和制度相互联系、互相依存地存在于系统之中，一旦稳定的技术制度系统得以形成，就会要求保持稳定并抵制变化的发生。因此，受益于长期递增报酬的以碳为基础的能源系统可能会产生“锁定效应”，妨碍低碳、可再生能源等低碳技术的创新。同时，受益于现有制度的参与者将试图维持该种制度，这就进一步强化了现存技术系统的锁定。目前工业化国家以碳为基础的能源和运输系统形成了锁定的“技术—制度复合体”，这就是碳锁定。

在中国工业能耗中，最主要的能耗来自于高耗能工业如：黑色冶金、有色冶金、非金属建材、化学原料等原料工业以及煤炭、石油、天然气、电力等能源工业，高耗能工业单位增加值的能耗高于整个工业的单位增加值的能耗。但是中国这种高能耗工业的存在是建立在一种巨大的投资的基础之上的，如果简单粗暴地将这些巨大的投资报废，其代价无疑也是巨大的。所以，尽管钢铁行业是高碳行业，但在哥本哈根世界气候变化大会之后的 2010 年 1—2 月，投资继续加大。

资金和技术的“锁定效应”影响短期内难以消除。中国制造业发展水平较低，当前一些制造业高速扩张，多数是对常规技术的简单复制。一些基础设施、机器设备、大件耐用消费品等资金技术一旦投入，其使用年限均在 15 年至 50 年乃至更长，生命周期内不会轻易废弃。比如据估算，中国 2006 ~ 2030 年间需要在能源部门累计投资 3.7 万亿美元，其中的 74%用于电力投资，且很大比重属于火力发电投资。

而且，“碳锁定”会阻碍发展低碳经济所需要的新技术研发及其普及。新技术对于稳定温室气体浓度有着至关重要的作用，而没有新技术的支撑低碳经济难以实现。事实上，如果能尽早研发新技术并配合以相应的措施，那么稳定温室气体浓度的成本将大幅下降。比如将二氧化碳稳定在500ppm浓度，相比正常情况下的技术变化率，加快技术创新和应用可有效地降低所花费的成本。

然而以化石燃料为基础的能源技术似乎已被证明是一种成本较低的解决方案，以应对迅速工业化的大量能源需求。这种采用基于化石燃料的能源技术会产生积极反馈循环，从而形成对基于化石燃料的能源技术的持续再投资。

伴随着中国经济的快速发展和工业资本的不断增加，能源需求大幅上升且已出现了能源紧缺危机。能源得不到可靠保障会阻碍投资和工业化进程，因此我们也面临着原有的工业化政策带来的与之俱增的能源压力。这种正反馈过程会倾向于继续应用或投资于旧技术，如果处理不当，可能形成碳锁定。

历史上，中国这种高碳锁定的局面出现，确实是一种无奈的、没有选择的选择，也是中国重化工工业体积过大，难以快速转身的真实反映。刻意回避这种难言之隐是很困难的，必须要接受这种现实。同时，我们也应该看到，随着“双碳”目标的建立和中国产业转型、经济升级的逐步开展，我们将来完全有可能摆脱这种结构性的高碳。英国、美国等发达国家在工业化的高峰期都经历过高排放、高污染的阶段。只要我们坚持科学、合理、可持续的政策和经济计划，中国也能像发达国家一样从“高碳”阶段，逐渐向“低碳”阶段转型，并且我们还将会做得更好。

逐步转变的消费观

在过去的很长一段时间内，中国人曾经并不重视绿色消费。经济发展程度低和环保观念的缺失使得中国的绿色消费观建设起步较慢。

中国的老百姓已经穷了几千年了，很少有富裕起来的时期。尽管在 1840 年，中国的国内生产总值占了世界总量的 30%，但由于中国人口众多，绝大部分时间内，绝大部分人都还在解决温饱问题。改革开放 40 多年后，确实有一批人先富裕起来了，这一批人的财富，相对改革开放之前的数千年，几乎有着天壤之别。

尽管中国的人均国内生产总值也不高，但是由于人口基数大，有 14 亿人口，所以即使中国只有 10% 的人富起来，也有 1.3 亿人，这个数字已经超过了世界上很多国家的人口总量。

中国富裕阶层在众多世界级大都市里巨大的消费力来源于中国富裕阶层爱面子的消费心理和消费习惯。买豪华汽车和豪华别墅是富人的面子消费。对他们而言，很难找到知识、品德、社会责任或者其他给自己提升价值，只能通过这些奢侈品展现自己的生活价值，证明自己的社会地位。这种用钱来包装人生价值的做法，导致大量豪华汽车蜂拥而至，豪华别墅遍地开花。

正因如此，中国先富起来的民众表现出了极强的消费力。

2021 年，中国汽车销量突破 2627 万辆，相当于美国和欧洲产销之和，依然保持着世界最大汽车市场地位。尽管汽车销售在部分国家因新冠疫情和经济衰退而放慢，在中国却仍保持高速增长。2021 年中国汽车出口 201.5 万辆，与 2020 年的成绩比，销量翻番，第一次突破 200 万辆，成为全球第三大出口国，仅次于日德。

中国在全球高档汽车市场的表现更加突出。如今中国各大城市的马路上，各种世界级品牌的汽车并不罕见，中国已经成为保时捷、悍马、宝马、奔驰等世界顶尖汽车品牌最看重的市场，也必定是它们未来最大的市场。而其中，奢侈车、高排量汽车的销售量为数众多。

受新冠疫情和全球经济不景气的影响，自 2020 年以来，豪华汽车全球销量急剧下降。但在中国市场上，豪华汽车仅受到些微影响。宝马集团是全球最成功的豪华汽车制造商之一，2021 年宝马集团全球销量为 252.15 万辆，同比增长 8.4%。同年，宝马在华销量增长近 9%，达到 84.62 万辆。

近几年，中国汽车消费的增长势头一直在持续。例如，截至 2021 年，中国已经成为宝马在全球最大的单一市场。作为宝马 7 系全球最大的市场，中国用户购买了近半数的宝马 7 系（宝马品牌最高端系列产品），这也使得中国市场成为推动宝马可持续发展的核心市场。2022 年，宝马集团大中华区总裁兼首席执行官高乐先生表示："全新 BMW 7 系的工程开发在德国，而设计灵感来自中国。中国不仅是 7 系全球的最大市场，还是未来汽车设计趋势的引领者。我们相信，今日中国之动向，将引领世界明天的方向。”宝马高管发表此番言论很重要的原因在于中国蕴藏着庞大的豪华汽车的需求，中国先富起来的人要通过这种消费来展示自己的实力。

在中国，交通运输碳排放量占全国碳排放总量的10%，建筑能耗达到50%，所以除了汽车消费带来巨大的碳排放量以外，中国作为当之无愧的“世界工地”，建筑行业也是碳排放飙升的元凶之一。而在其中，别墅又是能耗之王。但在中国一些富豪眼里，别墅成为身份的象征，购买别墅成为一种时尚。

在东莞松山湖园区，一个高档楼盘里打着“营造中国南部富人高尚居住区”的广告。这里售卖的别墅动辄每平方米5万～7万元，物业管理费每平方米为4.98元，最贵的一套别墅为850平方米室内面积加上1000平方米的大花园，总价值数千万元。如此昂贵的别墅，一开盘就被抢购一空，有的买家还一口气购入了几套。

在上海，“天价豪宅”汤臣一品每平方米20万元；“天价别墅”，数亿元一栋。在一线城市的高档住宅区，一些顶级别墅卖到了数亿元，配上直升机和名车。在深圳小梅沙山顶的一处富翁别墅里，一个马桶就值20万元，家中有8个卫生间，这套别墅里仅马桶费用就高达160万元。

受中国“居者有其屋”传统文化心理的影响，中国人的住房拥有完全产权的高达80%，而在西方发达国家，这个比例一般不到50%，如法国人的房屋拥有自主产权的只占45%，更多的人喜欢租房子。租和买的概念不一样，中国人喜欢买房子直接导致房地产市场规模巨大，2018 至 2021 年，中国地产新房销售面积常年稳定在 17 亿 ~ 18 亿平方米。

暴发户的奢侈消费以及“居者有其屋”的文化传统，导致建筑和交通的能耗增长了几成，让中国的二氧化碳排放量增多。然而要改变面子消费，改变传统观念，是不能一蹴而就的，中国需要逐步建立绿色的消费观。

可喜的是，近年来，绿色消费观已经开始在中国生根发芽。阿里研究院 2016 年的报告显示，阿里零售平台绿色消费者人数超过 6500 万，占活跃用户的 16%，在 4 年间增长了 14 倍。更重要的是，绿色消费理念已经开始从一二线城市扩散进入其他城市。报告显示，绿色消费理念在低线城市认同度已经基本与一二线城市持平。

客观地说，由于改革开放前经济发展长期停滞，中国的绿色消费观念建构起步时间比发达国家晚。但挑战的另一面是机遇，中国的绿色消费市场也有自身独特的发展优势。2016 年，发改委等部委联合发布的《关于促进绿色消费的指导意见》奠定了国家层面对绿色消费的政策支持。此外，中国消费者对环境问题有很高的认知度和敏感度，气候变化、环境污染等议题在中国社会中一直受到广泛关注，且关注度仍在持续提升。中国发达、现代的互联网基础设施也有利于提供给消费者更多的绿色消费选择。总而言之，我们有理由认为，绿色经济将会给中国的巨大市场带来独特的机遇。

结　语

百年来,中国贫困落后的历史使得民族复兴的愿望极其强烈,改革开放40多年的突飞猛进的发展让中国看到了希望,此时西方世界扛起发展低碳的旗帜,中国该何去何从?

要讨论如何应对低碳发展,必须先了解中国发展低碳的难言之隐,立足现实,制约中国低碳发展的因素还有很多。

尽管中国发展低碳有众多难言之隐,但是这并不表示中国就要脱离低碳的轨道,对国际节能减排的呼声置之不理。低碳是魔鬼,也是天使,中国发展低碳的机遇也是很多的。低碳时代,中国大有可为,参与国际规则制定、树立负责任的大国形象、促进产业升级等,总而言之,低碳是促进中国社会未来发展进步的一次千载难逢的机遇,下一章将具体介绍低碳带给中国的机遇。

第九章　中国低碳的大蛋糕

低碳发展是挑战，更是机遇，既然全世界主流国家都选择了低碳，那么说明低碳不是一种阴谋，而是一种阳谋，是一种阳光下的博弈和竞争。这种围绕低碳发展产生的博弈和机会，必然会给中国带来巨大的机遇，这是中国不能错过的。

作为二氧化碳排放第一大国的中国如果能主动参与到这种新国际规则的制定，无疑具有战略意义。自哥本哈根世界气候变化大会以来，面对国际社会日益加快的低碳转型步伐，中国始终承受着巨大压力，低碳发展的速度和成效愈发引人注目。积极发展低碳经济，节能减排有助于树立中国负责任的大国形象。发展低碳经济还将促进中国政治、经济、文化各个领域的改革，从而进一步转变中国经济的发展方式。低碳经济中新能源等新兴战略产业不仅可以吸纳流动性，也可以培育新的经济增长点，推动人民币国际化，并帮助挤出房地产泡沫。

中国提出“双碳”目标

全球低碳化掀起的第四次浪潮正在加速来临。在人类发展进程中，世界文明先后经历了三次浪潮，每次浪潮都有着不同的内涵和特点。第一次浪潮是农业文明，实现了人类农耕文明的兴起，带动了农业的辉煌发展；第二次浪潮是工业文明，由农业文明向工业文明转变，带来了工业化的飞速发展；第三次浪潮是信息化，引领信息化改革，全球进入知识经济时代。继工业化、信息化浪潮之后，世界将迎来第四次浪潮，即低碳化浪潮。

我们先看中国面临的机遇。中国目前常常提起的五个字就是“战略机遇期”。我们把这个“战略机遇期”分解一下，可以看到中国正处于第三个大的战略机遇期。

新中国从成立到现在的74年间，大体经历过两个战略机遇期。

第一个大的战略机遇期是从新中国成立到20世纪70年代末。在这30年间，中国踏着计划经济的步伐，奠定了工业、农业等各种产业基础。中国不仅实现了重返联合国的梦想，而且与100多个国家建立了外交关系，并且有了一个相对安定和平的周边环境。

尽管如此，这一时期收获更多的是在政治层面上，而不是在经济层面上。1979年的国内生产总值与1949年的国内生产总值相比，中国占世界的比重不但没有上升，反而从4%下降到了3%，创造了1840年以来中国国内生产总值占世界总量比重的历史最低位。

中国的第二个战略机遇期是改革开放40多年，在此期间，中国的经济飞速发展，国内生产总值迅猛上升，从 1979 年的 2000 多亿美元，上升到了 2009 年的 4.9 万亿美元，增加了 20 多倍。同时中国人均国内生产总值也越过了 3000 美元这个重大分水岭。扣除物价等因素以后，中国国内生产总值年均增长率达到了 9.8%，创造了一个经济奇迹。在党中央的领导下，我们打赢了人类历史上规模最大的脱贫攻坚战，历史性地解决了绝对贫困问题，显著缩小了世界贫困人口版图，为全球减贫事业作出了重大贡献。但是在中国改革开放 30 多年间，既取得了巨大的成就，也有着不少的问题。随着中国经济迅速发展和生产活动快速扩张，二氧化碳排放量也呈上升的趋势。

经历世界金融危机以后，中国正式进入第三个战略机遇期。

第三个战略机遇期是由气候变化带来的，从欧洲人开始提出气候变化议题，到联合国环境与发展会议，再到哥本哈根世界气候变化大会，最后形成了目前世界上面对气候变化的一系列理论、原则、发展思路、发展趋势和游戏规则、法律约定。

这一战略机遇期的关键，在于能否实现经济发展方式的转变。

因此，中国抓住应对全球气候变化机遇，积极发展低碳经济，对中国转变经济发展方式，摆脱以前那种高能耗、高污染、资源依赖型的粗放型发展，转向资源节约型、环境友好型的集约型发展是非常有价值的，而且这是中国必须选择的道路。

早在 1982 年召开的党的十二大，就已经提出要把经济增长转变到依靠科技进步和提高劳动者素质上来。1996 年，李鹏在当年政府工作报告中继续提出：积极推进经济体制和经济增长方式的根本转变。2001 年，朱镕基在作政府工作报告时还是提出：坚持把结构调整作为主线，中国经济已经到了不调整就不能发展的时候。2010 年，温家宝在政府工作报告中再次强调：加快转变经济发展方式，调整经济结构。

显然转变经济发展方式，调整经济结构的口号在中国大地上已经喊了很多年。即使如此重视，但摆在大家面前的一系列残酷的数字却是：当时中国每百万美元国内生产总值所消耗的能源数量是美国的 3 倍、德国的 5 倍、日本的近 6 倍。中国一吨煤产生的效率仅相当于美国的 28.6%、欧盟的 16.8%。中国当时经济增长的成本高于世界平均水平 25% 以上。

2010 年 5 月 5 日，国务院召开的全国节能减排工作电视电话会议上，国务院总理温家宝还是无奈地承认，“十一五”计划前四年，全国单位国内生产总值能耗累计下降 14.38%，要完成“十一五”计划期间降低 20% 左右的目标仍然十分艰巨。特别是 2010 年第一季度，电力、钢铁、有色、建材、石油化工、化工等六大高耗能行业加快增长，全国单位国内生产总值能耗上升了 3.2%，大大增加了后三个季度的工作压力。这说明，中国转变经济发展方式的压力和挑战是何等巨大。

这样低效率的巨额能耗，是推动中国成为目前全球温室气体排放第一大国的一个重要原因，直接导致了中国在 2009 年底的哥本哈根世界气候变化大会上承受了巨大的压力。但就在这次会议以后，中国的低碳转型发展正式驶入了前所未有的快车道，中国政府开始把绿色低碳循环发展作为国家经济社会发展的重大战略，作为生态文明建设的重要内容和实现途径，并采取了一系列具体行动，在短短十年时间里实现了以往几十年从未有过的历史性跨越。

2012 年，党的十八大报告首次提出生态文明建设，将生态文明建设纳入“五位一体”总体布局，并首次提出“美丽中国”的概念，强调把生态文明建设放在突出地位，融入经济建设、政治建设、文化建设、社会建设各方面和全过程。

2013 年以来，党中央、国务院先后出台了《中共中央关于全面深化改革若干重大问题的决定》《中共中央 国务院关于加快推进生态文明建设的意见》《生态文明体制改革总体方案》等重要文件，通过了 40 多项生态文明重要制度，形成了系统化的习近平生态文明思想，成为引领中国生态文明建设的根本制度。

2014 年 11 月和 2015 年 9 月，中美双方先后在北京和华盛顿联合发布应对气候变化的联合声明，直接推动了《巴黎协定》的达成，为完善全球气候治理体系作出了重要贡献。2015 年 6 月 30 日，中国政府向联合国气候变化框架公约提交了《强化应对气候变化行动——中国国家自主贡献》，提出到 2030 年的国家自主贡献行动目标，包括二氧化碳排放 2030 年左右达到峰值并争取尽早达峰，单位 GDP 二氧化碳排放比 2005 年下降 60% ~ 65%，非化石能源占一次能源消费比重达到 20% 左右，森林蓄积量比 2005 年增加 45 亿立方米左右。

2016 年 12 月，国家能源局印发了《能源生产和消费革命战略（2016–2030）》，提出到2050年的中国能源发展远景目标，强调要推动能源清洁低碳转型，构建现代能源体系。同时，围绕绿色低碳发展和应对气候变化的金融政策也开始建立，开展气候投融资相关的制度和实践探索。2020年10月20日，生态环境部、国家发展和改革委员会、中国人民银行、中国银行保险监督管理委员会和中国证券监督管理委员会联合发布《关于促进应对气候变化投融资的指导意见》，对于指导和推动气候投融资工作，助力实现新达峰目标和碳中和具有里程碑意义。2016年3月，中美还发布了第三个气候变化联合声明——《中美元首气候变化联合声明》，为《巴黎协定》的签署生效起到了关键作用；在国内，应对气候变化司在2018年转隶到生态环境部，强化了气候变化与大气污染及其他生态环境问题协同治理的态势。

中国积极的应对气候变化政策和行动，取得了显著的成效。截至2019年底，中国碳排放强度与2005年相比下降了48.1%，非化石能源占一次能源消费的比重达到了15.3%。能源消费和二氧化碳排放年均增长率由2005—2013年的6.0%和5.4%分别下降到2013—2018年的2.2%和0.8%，实现了经济发展与碳排放逐步脱钩，并提前和超额完成2020年中国的国际承诺目标。

2020年，新冠疫情对全球政治格局、经济秩序、产业链、贸易、就业等方面造成严重冲击。此次新冠疫情的全球蔓延，首次让人们认识到公共卫生事件及其产生的安全问题的重要性，而且进入新世纪以来，类似的非传统安全领域的问题有逐步升级的态势，对传统安全以及经济社会秩序可能带来严重的破坏，必须高度重视生态环境与气候变化等非传统安全问题和突发公共事件的应对。同时，随着新一代年轻人崛起，社会对环境健康问题也越发关注，绿色消费意识逐渐强化，中国政府逐步意识到，从中长期来看，绿色低碳发展将是经济社会高质量发展的重要机遇。

在这样的背景下，2020 年政府工作报告首提“两新一重”，即新型基础设施建设、新型城镇化建设以及交通、水利等重大工程建设，在部署经济复苏的过程中，注重与绿色低碳要素的结合，同时，推动生产和消费模式的绿色转型。2020 年 3 月 11 日，国家发改委发布了由中央深改委审议通过的《关于加快建立绿色生产和消费法规政策体系的意见》，该意见明确了绿色生产和消费法规政策体系的系统框架，为经济社会发展的绿色转型提供制度保障。

2020 年 9 月，在系统权衡、深远谋划的基础上，中国政府作出 2030 年前碳排放达峰、2060 年前实现碳中和的重大战略决策，为全球应对气候变化、提高减排雄心注入了一针强心剂，促使全球朝向控制温升 1.5 摄氏度的目标迈进。在此之后，一系列的政策行动密集出台或加速部署。当前正在组织编制“十四五”应对气候变化专项规划，将提出与新达峰目标相衔接的二氧化碳排放控制目标，并将作为约束性指标纳入“十四五”规划纲要。同时生态环境部正在研究制订“二氧化碳排放达峰行动计划”，拟明确地方和重点行业的达峰目标路线图、行动方案和配套措施，在“十四五”“十五五”期间持续推进实施；生态环境部还将推动把达峰行动纳入中央环保督察。

中国构建碳市场

低碳经济发展是一个巨大的蛋糕，是让很多人垂涎三尺的蛋糕。中国如果参与其中，就能够分享到这一巨大的蛋糕，如果不参与其中，这个巨大的经济蛋糕就会和中国擦肩而过。

2006年，斯特恩这位世界银行前首席经济学家曾经预测，到2050年时，低碳商品和服务行业的年营业额将达5000亿美元。但事实上，目前该行业的增长速度远超斯特恩的预测。汇丰银行统计，在2008年，世界低碳产品和服务行业的上市企业（包括可再生能源发电、核能、能源管理、水处理和垃圾处理企业）的营业总额已经达到了5340亿美元，超过了5300亿美元的航天与国防业上市企业的营业总额，并且按照目前的增长趋势，到2020年时，该行业上市企业的年收入将超过2万亿美元。

请记住，汇丰银行只统计了上市公司，非上市公司在这一块的份额还没有统计。这个行业的增长速度又是多少呢？即使在全球经济衰退的2008年，低碳行业的收入增长幅度仍然高达75%。这个速度已经足够让很多传统产业眼红。

目前还有不同的预测版本，有说5万亿美元的，有30万亿美元的。这些数据可能有所不同，但总体来说，低碳经济是能带来巨大蛋糕的一个机会。

那么从这个意义上说，中国发展低碳经济应对气候变化也是理所当然，谁都不会跟钱过不去，所以也要抓住这个机会，否则这个机会就会从眼皮底下溜走。

对于低碳经济而言，不单是低碳技术和产品，更有一个巨大的低碳金融产业。利用碳作为金融工具，形成巨大的金融产品，已经成为世界各国的目标。

金融是经济的核心，而人民币国际化又是中国核心的一个金融发展目标。在这波低碳潮中，蕴含着一个巨大的通过碳金融实现人民币国际化的机会。

在减碳和低碳的世界历史大背景下，碳已经具有很强的金融属性，世界围绕二氧化碳的交易已经形成了一个巨大的市场。由于欧洲是应对气候变化这个低碳时代的一个中心，所以欧洲利用金融工具来实现低碳建设非常早，欧洲的碳交易有了巨大的市场基础空间。

从全球范围内来看，基于《京都议定书》减排目标和非京都体系有强制约束力的减排努力，实际排放额低于碳排放指标分配的“节约量”，就是该时期可供进行碳交易的总量。这个总量取决于人类实施碳减排的力度，同时也取决于世界经济增长的趋势和惯性。

碳交易市场经过这几年的发展已经渐趋成熟。参与国地理范围不断扩展、市场结构向多层次深化，财务复杂度越来越高。据世界银行和国际碳行动伙伴组织统计，全球共有已实施或计划实施的碳定价机制 61 项，包括 31 个碳排放交易系统、30 项碳税政策。在签署《巴黎协定》的 185 个缔约国中，已有 97 个国家提出计划使用碳税或碳排放交易系统履行国家自主贡献承诺。

欧盟碳排放交易体系(European Union Emission Trading Scheme,

简称 EUETS）在全球碳交易市场中遥遥领先。早在 2005 年，欧盟就已经率先启动建立了全球首个区域碳市场，交易机制和监管机制均较为成熟。2019 年，欧盟碳市场年交易配额高达 18.55 亿吨，覆盖其温室气体排放总量的 40% 左右，占全球碳市场份额的 87%。

与传统的大宗商品交易不同，在碳交易计价和结算货币的问题上，欧元已经领先于美元。欧洲主要的碳排放交易所包括欧洲气候交易所（European Climate Exchange，简称 ECX）、法国电力交易所（Powernext）、北欧电力库（Nord Pool）、欧洲能源交易所（European Energy Exchange，简称 EEX）、奥地利电力交易所（Energy Exchange austria，简称 EXAA）和环境交易所（Bluenext）等，这六大交易中心均用欧元标价。

此外，二级“核证减排额”和 CER 期货、期权市场增速极快。欧洲气候交易所、北欧电力库已经推出了二级 CER 现货和 CER 期货交易，其中欧洲气候交易所于 2008 年 3 月推出 CER 期货合约后，仅一个月交易量就高达 1600 万吨二氧化碳。这部分新增市场主要在欧洲市场进行，以欧元计价。

与之相比，以美元计价的芝加哥气候交易所（Chicago Chimate Exchange，简称 CCX）和推出环境衍生品的芝加哥气候期货交易所（Chicago Chimate Futures Exchange，简称 CCFE）、纽约商业交易所（The New York Mercantile Exchange，简称 NYMEX）的交易规模相形见绌。毋庸置疑，欧元是碳现货和碳衍生品场内交易的主要计价结算货币。而据世界银行统计，EU ETS 80% 的交易量发生在场外市场（Over The Counter，简称 OTC），其中伦敦能源经纪协会（London Energy Brokers Association，简称 LEBA）完成的交易活动占到了 OTC 市场的 54%，由于一直以来英国都是碳减排最坚定的执行国，尽管英国排放交易体系（The UK Emissions Trading Scheme，简称 UK ETS）已并入 EU ETS，但伦敦作为全球碳交易中心的地位已经确立，英镑作为碳交易计价结算货币的空间能够继续保持。

随着碳金融的推进，碳货币这个词语将越来越火热，目前世界上碳的交易更多的计价货币是欧元，美元并没有取得它相应的国际地位。这是由于美国退出了《京都议定书》，在全国市场范围内没有形成一个大的碳交易市场。尽管一些州有一些交易的基础，但并没有推广至全国。所以美国的芝加哥气候交易所更多的是建立一种自愿的市场交易，而不是一个长期的市场交易，它的交易量是远远小于欧洲的交易所的，美元在碳交易中的市场地位也就排在了欧元之后。这给了美国一个巨大的压力，同样也给了中国巨大的压力。因为众所周知，能源总和金融结合在一起。当年英国之所以能成为世界的老大，是因为当年世界最主要的能源煤炭是用英镑来计价的，煤炭是能源的老大，英镑也就成为世界货币，也使英国成为世界的老大。

后来在石油时代，石油是由美元来结算的，随着石油成为世界能源的老大，美元也就成为世界货币，美国也成为世界的老大。这个逻辑关系可能不全面，但是从某一方面表明了一个基本事实，那就是大宗能源商品的定价权往往决定了这种计价货币的影响力。

为了货币的主导权，各国肯定会挖空心思。2010年爆发的欧洲主权债务危机就被一些专家认为是美元在对欧元“动刀子”。确实，从美国的国家利益出发，美国肯定不希望有一个强大的欧元出来和美元抢风头。

在煤炭货币、石油货币之后，谁能够拿到碳货币的主导权成为世界上争议的热点。其中，欧元抢先发展了碳交易市场，这也是欧盟之所以如此积极推广发展低碳经济的一个重要原因，因为它可以名利双收，既能从道德上得到人们的认可，也可以从经济上获得巨大的利益。美国之所以退出《京都议定书》，没有欧洲一样持激进的态度，这和美国在碳交易、碳金融方面的布局不如欧洲有关系。美国肯定不希望在碳货币的主导权上输给欧洲。

自奥巴马政府执政以来，国会民主党人始终在竭力推动碳定价立法，2009年，众议院曾经一度通过包含碳排放总量管制与交易体系的《美国清洁能源和安全法案》，但法案在参议院随即被共和党人全票否决，碳定价是毁掉奥巴马这一气候政策里程碑的根本问题。事实上，这是美国最后一次接近碳定价立法，此后十年，尽管相关法案不断被搬上台面，但主要目的似乎只是为了展现政治姿态，两党议员严格按党派站队，几乎没有法案能够抵达参议院。

拜登执政以后，“绿色新政”被确立为本届政府任内的首要政治议程，碳定价是一个无论怎样也无法完全回避的必答题。为了彻底实现民主党人在这一议题上的历史夙愿，拜登专门在白宫集聚了一批应对气候变化方面的专业人才，几乎个个都是碳定价政策的忠实拥趸。气候顾问约翰·克里重回白宫，绝不会满足于仅扮演一个四处参加气候峰会的“小国务卿”。克里在就职前采访中曾表示，“所有人都要为温室气体排放付出代价，碳定价将理顺这一责任”。财政部部长珍妮特·路易丝·耶伦将碳税称为“解决气候变化问题的教科书”，多年来，她始终在一个由历任美联储主席和总统经济顾问自发组成的气候领导小组中扮演重要角色。

尽管“绿色新政”步履维艰，原计划推动的几方面重大项目迟迟无法通过国会立法程序，但整体来看，拜登政府和民主党人始终致力于将美国带往绿色低碳发展的新路径，并将在未来相当长时间内给中国的绿色低碳发展带来压力。

更值得提防的是，尽管当前各国碳市场构建程度进度不一，内部市场机制、市场功能尚不完善，但依靠碳关税机制生成的对外贸易保护主义已经蔚然成风。按照欧盟碳市场构建进度，2023年起就将开始对不符合碳排放规定的进口商品模拟征收碳关税，过渡期为 3 年，2026 年正式启动征收。在欧盟的带动下，美国碳关税机制始终蠢蠢欲动，目前当政的民主党国会议员已经拿出了七八个各式各样的版本，用以支撑拜登政府的“绿色新政”。除了欧美以外，今年 3 月，日本政府也宣布正在针对包括边境调节机制在内的贸易制度与 WTO 展开正式讨论，并表示已经开始探索美欧日三方协调行动的可行性，将积极发挥与碳排放量较多的新兴国家之间的桥梁作用。同期，加拿大最高法院否决了一项由三大能源省发起的反对碳定价的诉讼，正式裁定自 2018 年起施行的联邦碳税符合宪法，为正在酝酿推动的碳关税扫清了障碍。

在这一问题上，美欧牵头推动构建西方碳关税联盟，不得不引起我们的高度重视。今年以来，欧盟碳关税立法报告起草人穆罕默德·查希姆，欧委会执行副主席、欧盟气候政策负责人弗兰斯·蒂默曼斯先后访问美国，一改以往欧盟在美国碳税、碳关税问题上的苛责态度，强烈暗示 CBAM 机制将为美国开辟绿色豁免通道，并主动提出与美国打造碳俱乐部。蒂默曼斯最近的讲话十分赤裸，“如果美国的碳减排轨迹与欧盟相同，那么碳俱乐部的合作提议就摆在桌面上。换句话说，如果美国一吨钢的碳足迹与欧盟一吨钢的碳足迹相同，那么美国就不需要碳边界调整机制”“这种做法或许不适用于其他主要贸易伙伴，但在欧盟和美国之间，我并不担心，我认为我们是并行的”“每当我们与中国人交谈时，他们总是说‘是的，好吧，我们知道我们需要做更多的事，我们宣布的事我们都会做到；但美国人总是在说正确的话，然而实际上他们并没有真正做任何事情’。现在，中国人不能再这样说了，我认为这可能是当前最为重要的政治因素”。种种迹象表明，美欧等国正在联合日本、加拿大合作制定国际碳核算标准体系，以美为首的西方国家认定的碳定价标准为基础构建碳关税联盟，这对中国碳市场构建带来了相当大的压力。

中国的碳市场构建于 2011 年正式启动，首批包括深圳、上海等内地 7 个省市纳入交易试点，国内碳市场重点行业、企业在碳排放总量和强度上多年来持续保持双降趋势，为全国碳市场构建奠定了坚实的基础。据生态环境部数据显示，截至 2021 年 3 月，交易试点已经累计成交百亿元，覆盖 20 多个行业的近 3000 家重点排放企业、总计 4 亿多吨碳排放量。

以上述试点为基础，2017 年底，全国碳市场正式启动筹备，经过基础建设期、模拟运行期，2021 年 2 月 1 日，《全国碳排放权交易管理办法》正式施行。同年 7 月 16 日，全国碳市场在上海环境能源交易所鸣锣开市。经过多年的酝酿筹备，碳市场正式从区域试点走向全国统一，真正进入配额现货交易阶段。首批 2200 多家电力企业正式启动交易后，全国碳市场覆盖排放量已经超过 40 亿吨，即刻成为全球覆盖温室气体排放量规模最大的碳市场。“十四五”期间，包括石化、化工、建材、钢铁、有色、造纸、电力和民航在内的总计 8 个高耗能行业将逐步纳入，覆盖排放量预计将达到 80 亿吨，约占全国碳排放量的 70% ~ 80%；按照业界预测，到 2030 年，中国碳交易总额将突破 1000 亿元。

2013—2021 年，中国所有试点的碳交易加权平均价格约为每吨 24.31 元。其中，北京市试点市场的碳交易均价最高，约为每吨 61.98 元；重庆市价格最低，约为每吨 6.11 元。过去 8 年里，中国试点碳价的历史最高点也仅为 122.97 元 / 吨，约为当前欧盟碳价的 1/4，这为中国发展绿色低碳经济带来了显著的成本优势。但如果碳关税接踵而至，一来会增添外贸型企业的产品出口成本，二来会助推碳交易配额成为极其宝贵的稀缺资源，从而显著抬升国内碳交易市场价格，造成高碳产业生产运行以及全球贸易的成本上涨。按照清华大学张希良教授团队的预测，按照 2060 年中国实现碳中和情境，2030 年国内碳价将达到 13 美金 / 吨，2050 年是 115 美元 / 吨，2060 年是 327 美元 / 吨，[①] 由此观之，当前国内碳价是名副其实的价格洼地。短期内，较低的碳交易价格将对相关高碳产业形成庇护，减缓急剧转型的产业阵痛，

与此同时，碳市场和碳经济对于调节中国经济基本盘也有着极大的助力作用，所以能够寻找到实体经济的新的经济增长点、新的高回报率的产业是目前中国经济亟须解决的问题。

目前看来，大力发展新能源、新材料、节能环保、生物医药、信息网络、高端制造产业等新兴战略产业，无疑是一个非常好的选择。战略性新兴产业一般拥有关键核心技术，具有市场需求前景，具备资源能耗低、带动系数大、就业机会多、综合效益好的特征。

新兴战略产业不仅可以吸纳流动性，而且可以培育新的经济增长点的发展，促进中国经济和企业发展走上创新驱动、内生增长的轨道。

在这些新兴战略产业中，低碳产业无疑是空间最大的。一方面源于全球的低碳热；一方面源于低碳背后的巨大市场空间。低碳产业可以作为产业升级的一个核心产业。

发展低碳经济，能够挤出中国经济中的泡沫，帮助吸纳中国的流动性资金过剩。这无疑对中国是一个良好的平台，也是发展的一种历史机遇，不能错过。

---

① https://zhuanlan.zhihu.com/p/539669470.

结　语

综上所述，中国参与低碳社会建设，应对气候变化挑战，是必然的选择。其中有各个方面的原因，内因占主导地位，如抓住战略机遇期的需要、转变中国经济方式的需要、参与国际规则制定的需要、树立负责任大国形象的需要、人民币国际化的需要。这些需要构筑了中国参与国际低碳建设，迎接气候变化的基础。中国没有退路，只有参与，迎接挑战。

第十章　减碳，中国正道

《中庸章句》中说："不偏之谓中，不易之谓庸。中者，天下之正道；庸者，天下之定理。"

中国低碳发展战略也可以从古人中庸的智慧里汲取力量，过分地强调低碳，并不符合中国现阶段发展的实际情况，因此我们可以说："减碳，才是中国正道。"只有战略判断和定位准确以后，才可能有后面的战术安排。在实施减碳战略过程之中，本书提到了中国政府可以采取的十大战术，同时还提出中国按照国际的标准来实行低碳社会的建设，应该选择部分城市大刀阔斧地展开碳试点，由点到面，逐渐推进。在国际博弈上，中国则应该坚持"不抛弃，不激进"的原则。在政策层面上，"双碳"目标、"1+N"政策框架和地区试点，都体现了这种原则，兼顾了国际道义和本国国情，是为中国绿色发展的正道。

中国绿色低碳发展的道

通过前面的第八、九两章，读者已经深刻地了解到中国建设低碳社会面临的挑战和机遇，这如同两股针锋相对的力量，把中国夹在进退两难的尴尬境地。

鲁迅先生曾经说过“真的勇士敢于直面惨淡的人生，敢于正视淋漓的鲜血”，现在是中国必须直面低碳发展该何去何从的现实的时候，需要对中国低碳发展的核心战略予以定位，没有清晰的战略定位，再完美的战术都将功亏一篑，于事无补。那么中国需要怎样的低碳发展战略呢?

制定战略之前，要先对目标有一定清晰的认知，只有这样才能做到有的放矢，才能在全球低碳博弈中从容不迫，游刃有余。

什么是低碳?目前对低碳的内涵，有三种解读。第一是绝对低碳，即零碳或无碳。能源供给来源于碳中型的生物燃料和无碳的核能、水能、风能、太阳能等。在当前社会经济技术条件下，零碳或无碳的目标显然是理想的，但是不现实的，也是不必要的。第二是满足一定目标的低碳。例如，发达国家实现《京都议定书》减排目标，即可视为低碳。如果我们在将来单位国内生产总值二氧化碳排放下降 40% ~ 45%，就是低碳的。第三是相对低碳。如果某企业单位增加值的碳排放低于同行业世界先进水平或平均水平，那么这个企业可以称为是低碳的。

以上三种内涵对于我们的启示就是，所谓的“低碳”其实是一个相对的概念，而不是绝对性的概念。那么，我们选择低碳发展的道路就是选择在多大程度上来降低碳排放量的道路。

这个度的把握让我们不由自主地想起，有位西方哲学家说过，“人是万物的尺度”。而在中国，“度”是一个简单而玄妙的概念。

度是中国人思维和生活哲学中，最模糊的一种计量概念，能否把握度，是人在某一个方面是否成熟的标志；国家和社会能否把握度，是国家和社会是否和谐的一种标准；而思维能否把握度，也是思想是否成熟健康的一种标杆。

发展低碳经济要从中国的实际国情出发，而不是理所当然地去追求“面子工程”。这里就包含了实事求是的思想精神。发展低碳，中国究竟该怎么办？这也是一个“度”的问题。对度的把握，中国人通常运用的都是几千年常盛不衰的中庸之道。

“阐旧邦以辅新命；极高明而道中庸。”冯友兰自题的这句座右铭应该能给解决低碳困境以启示。中庸并非像数学的中项恰恰是精确可计的两端的平均数；它随着环境中左右各种情况的变更而变更，并且只对成熟而有灵活性的理性才显露自身，是一种不走极端，适度的智慧。从某个角度讲，阴阳的对立统一就是度。适度是中庸的一种动平衡的状态。孔子所谓“执其两端，用其中于民”，就是说必须把握住“过”与“不及”两种倾向使之不走向极端，才能有效地用中道去治理百姓。

中庸绝不是平凡、平庸的意思，它是一种高超精妙而不可言说的哲学。中者，天下之正道；庸者，天下之正理。中，即不偏不倚，不左不右；庸，尊重现实，合情合理。世上的任何事物都是矛盾的。事物的发展也是矛盾发展的结果，关键是要找出矛盾的平衡点，这才是一种稳健的思想。偏袒某一方，就会激化矛盾，事物会发生巨大的变化，是人不好把握的。

一切事物的运动和发展都有一定的规律，故办理任何事情都必须掌握分寸。只有根据事物的客观规律而做到适当的程度，才能达到最佳的预期效果。这个最适当的程度就叫作“中”。如果能恰到好处地掌握住适度，就叫作“执中”；当把“执中”的方法从实践经验升华为理论时，就叫作“中道”。尧、舜、禹都把“允执厥中”作为世代相传的治国方法，就是要求实事求是地坚持用“中道”来治理国家。

在面对“高碳”与“低碳”这两股强大力量的互相对抗的时候，中国可以采取中庸之道来解决问题。那就是在综合平衡中寻求发展，一方面要参与世界低碳的发展；另一方面发展低碳也不能激进。这种思路最大的特点就是务实，既不偏激得完全和世界潮流背离，不参与到新的游戏规则中，也不过于理想化地认为低碳是一天就可以建成的，过早地脱离了中国国情的实际情况。

如果说中国发展低碳，走极端，把高碳或者把中等程度的碳排放量都消灭掉，一步到位，直接进入到低碳社会，这对中国而言是不现实的也是有害的。在现阶段的技术条件下，经济发展必然伴随着一定程度的碳排放。对包括中国在内的广大发展中国家而言，排放权也代表着发展权。我们追求低碳，不能片面地消灭高排放的企业和行业，而应该通过技术升级等手段转变经济发展方式，逐渐减少碳排放。如果因为对未来蓝图的过度美化而提倡“速胜论”，那只能说不是缺乏常识就是别有用心。我们必须对转变经济发展方式的难度有深刻的认识，因为这会影响到中国转变经济方式的最终效果，甚至还可能出现转变经济发展方式的倒退。

低碳发展必然是一个过程，不是一蹴而就、立竿见影的。作为一个发展中的经济体，要摆脱“高碳”走向“低碳”，显然需要一个艰苦而漫长的过程。发展低碳经济尤其要注意“低碳”和“发展”的关系。中国低碳经济具有中国特色，处于工业化阶段以及城镇化建设阶段的特点，决定了中国的低碳经济要“低碳”“发展”两不误。

中国在低碳的发展战略中要独立思考，建立自己的低碳理念。因为低碳一方面需要解决目标和现实的问题；另一方面还需要解决中国国际形象和国内现状的问题。不能头脑发热跟着所谓的时髦走，一味地讲低碳容易出现死要面子活受罪的情况，而宣传“减碳”的理念，才是实现既有面子又有理性的政治智慧。

中国在战略层面上是要“高歌”，但在战术层面上却不能“猛进”，只有像熬中药一样慢慢来，才能不温不火，恰到好处。一步一个脚印，摸着石头过河，逐步达到预期目标。

中国提出新词汇——“减碳”，即减少二氧化碳的排放，减少单位国内生产总值二氧化碳的排放。减碳的核心是有计划地、稳步地减少排放，既不贪功冒进，也不停滞不前。只有稳步前进，才是长期、可持续的环保政策。

这种科学环保观的政策体现即为“双碳”目标。“双碳”是近两年的热点话题，是在减碳的基础上，对中国应对气候变化提出的进一步要求。在 2020 年，中国明确提出碳达峰与碳中和的目标后，“双碳”被正式写入了 2021 年的政府工作报告。“双碳”是中国承担的责任、许下的承诺，也是中国根据自身发展情况提出的可行的、可持续的规划。

2022 年发布的最新政府工作报告指出，有序推进碳达峰、碳中和工作，落实碳达峰行动方案，推动能源革命，确保能源供应，坚持先立后破、通盘谋划，推进能源低碳转型，发展绿色金融，加快形成绿色低碳生产生活方式。中国是发展中国家，工业化、城镇化还在进行中，能源需求在短期内会继续增长，对化石燃料的依赖也无法在短期内完全摆脱。“双碳”不是一夜之间放弃传统能源，而是立下一个近期、一个中长期的目标，给中国定下了雄心勃勃又现实可行的减排计划。

可以看到，“低碳”与“双碳”的概念一脉相承，其内涵都是科学性和可持续性。我们十年前就提出“低碳”这个概念，不可谓不前瞻。十年来，已有许多国家在推行环保政策时，因为没有遵循稳步前进的原则而吃了大亏。

斯里兰卡遇到的危机就是没有坚持“先立后破”原则的结果。为了推进绿色农业发展，斯里兰卡政府 2021 年宣布停止使用全部化学肥料，转而使用有机肥料，意图将斯里兰卡转变为全球第一个拥有 100% 有机农业的国家。然而，斯里兰卡当局没有充分考虑自己国家的发展现状。占全国人口 27% 的农民在日常耕作中非常依赖化学肥料，而斯里兰卡并没有能力用昂贵的有机肥料全额代替这些化肥需求。未“立”而先“破”，致使斯里兰卡农业受到了巨大的打击。在基利诺奇省，肥料不足导致曾经肥沃的稻田只有 40% 还在耕种。农业减产最终转化为了严重的经济危机，导致斯里兰卡国家破产。原本意在保护环境的政策，由于急功近利，反而演变成了经济上的灾难。如果斯里兰卡并不一夜之间禁止一切化学肥料，而是效仿“双碳”，定下一定时间内化学肥料减少一半，之后再减少一半的目标，今天当地的情况也不会如此混乱。

稳步推进绿色发展，合理的指标和目标是关键。低碳是一种量化的指标，而减碳是一个动态的指标。减碳意味着“高碳”可以变成“中碳”，“中碳”又可以造就“中低碳”，“中低碳”又进一步推动至“低碳”，从而完成从减碳到低碳的循序渐进的发展过程。低碳是一个远期目标，减碳是一个近期目标，一味地追求低碳脱离了中国当下的国情，而减碳则是最符合中国国情的。只有减碳才能达到低碳。

中国需要淡化低碳的概念，而力推减碳，中国应该成为一个减碳的大国。有了减碳的概念，对于中国提出的 2030 年前碳达峰、2060 年前碳中和的战略目标，就有了很好的理论注解。

中国绿色低碳发展的术

减碳是中国务实的战略选择，也是可以达到目标和解决现实问题的选择。只有战略判断和定位准确以后，才可能有之后的战术安排。在实施减碳战略过程之中，政府扮演的肯定是主导性的角色。即使在一些市场化程度非常高的国家，比如美、英、法、德等国，政府在应对气候变化、实现低碳发展的过程中，也都发挥了极为重要的引导作用。所以中国低碳的十大战术，更多要发挥政府“有形的手”，再配套以市场化“无形的手”。

中国可以从以下几个方面展开减碳的战术安排。

第一，法律制度推动能源转型。

目前世界各国都有应对气候变化和实现低碳发展的立法工作。在美国，31个州已经出台了可再生投资组合标准（Renewable Portfolio Standards，简称RPS）相关法律法规，要求增加可再生能源的产出，并给出了低碳能源发展的近景目标。在欧洲，欧盟也陆续出台了可再生能源相关的发展目标和法规。在2018年最新修订的可再生能源指令（Renewable Energy Directive，简称RED）中，欧盟计划在2030年可再生能源占比达到至少32%。在2021年最新修订的可再生能源指令（RED Ⅱ）中，2030年欧盟能源消费总量中可再生能源的目标份额由32%上升到40%。这表明世界各国都清楚一套完整的法律制度对推进低碳发展的重要性，并通过立法的方式来积极推动发展低碳经济、建设低碳社会。

中国也意识到了法律政策在低碳建设中的重要性，持续加强对减碳法制的建设，逐渐建成一套较为完整的低碳法律制度。2006年，中国《中华人民共和国可再生能源法》正式开始实施。在《可再生能源法》及相关政策的引导下，中国许多企业加大了发展可再生能源的力度，到2008年6月，全国生物质发电企业共 67 家，这对于推动中国可再生能源产业的发展起到了很大作用。不过《可再生能源法》出台之初也有很多不足之处，比如在资金筹集方面要求得并不详细，需要进一步修改完善，法律的强制性有待加强。2009 年 12 月，《全国人民代表大会常务委员会关于修改〈中华人民共和国可再生能源法〉的决定》正式通过，依据《可再生能源法》的实施经验以及当前环境形势对法律进行修改。2019 年，全国人大常委会的可再生能源法执法检查报告指出：中国水电、风电、光伏发电的累计装机规模均居世界首位。《可再生能源法》主要法律制度基本落实，法律得到有效实施，基本实现了立法目的。但同时，有关开发利用规划、保障性收购、费用补偿等部分法律制度，也存在统筹协调不够、落实不到位、监管薄弱等问题，有待进一步解决。

中国新能源立法已经取得了长足的进展，但仍有进步的空间。如果有更加完善的法律力量来推动，那么围绕新能源、低碳、减碳经济的各种产业便有了法治的基础。通过国内的一些产业规划，大力加强低碳产业的推广，淘汰落后的高耗能、高污染产品。同时通过国家的一些行业指导、社会优惠等各种方法鼓励低能耗产业发展、限制高能耗产业发展。

除了《可再生能源法》的支持，同时还有能耗标准进行辅助。1981 年首次发布的《综合能耗计算通则》（GB/T 2589）是中国首批能源基础类国家标准，这一通则被广泛应用，但也在实施过程中出现了一些问题。基于此通则，《综合能耗计算通则》（GB/T 2589–2020）于 2020 年 9 月正式发布，对综合能耗计算原则、边界划分、计算范围、计算方法、折算为标准煤的要求进行了规定，以此对高耗能的产业，比如建筑、交通、发电等方面制定能耗标准，从而达到减碳的目的。

中国新能源立法对推动绿色低碳转型起到了显著助力作用，不过目前中国碳中和领域缺失一个顶层法律，且《能源法》一直没有正式出台，未来中国仍需围绕“双碳”，加快相关法律的建设，让更加完善的法律力量来推动“双碳”进程。

第二，技术发展带动能源转型。

提升中国在新能源技术上的水平是当务之急。中国将科技精英集中在“两弹一星上”，成功地在航空、航天、核武器技术方面走到了世界的前列，那么在减碳时代，中国同样也需要加强科技规划，采取集中火力、重点突破的战略布局。为实现低碳经济的目标，中国正努力实现整体性的科技突破，在加大研究投入的同时，实行重点突破的战略。这些科技战略的重点放在新能源技术上，而在新能源技术方面也抓住了几个核心环节来予以突破。

在中国，煤炭的二氧化碳排放量远远超过石油和天然气，因此，攻克煤炭的能耗降低技术是中国降低能耗的首要功课。其中，碳捕捉、利用与封存技术（Carbon Capture, Utilizotion and Storage，简称 CCUS）是最有潜力的减排技术之一。目前，中国 CCUS 技术的研发与应用已经有了一定的积累，其中二氧化碳强化采油等多项技术已经到了商业化运作水平。但同时也存在一定问题，如技术链条的发展应用水平不一致等。《中国碳捕集利用与封存技术发展路线图（2019 版）》提出了 2050 年目标，即

CCUS技术实现广泛部署，多个CCUS产业集群建成，实现二氧化碳利用封存量超过9.7亿吨/年，产值超过5700亿元/年。在未来，中国的CCUS技术也需要进一步加大研发力度，以商业化为目标进行工程建设，降低成本与能耗。

可再生能源的规模化发展也在持续推进中。风电方面，制定实施进入大电网的技术标准和容量配额标准；太阳能光伏发电方面，集中突破电池组件技术及大规模储能和输电技术；生物质能方面，重点发展沼气综合循环利用和生物燃料技术；核能方面，加快推进建设中国于2021年掌握的第四代核电技术“高温气冷堆”，同时稳步建设中国自主研发的第三代核电技术“华龙一号机组”。

应该看到，近年来，中国在新能源技术方面取得了不小的进步，其代表就是太阳能光伏产业。国际能源署的数据显示，在国际光能供应链中，中国在关键制造阶段的市场份额超过80%，对于多晶硅、晶圆等关键部件，中国制造占比超过95%。中国也是世界最大的太阳能市场，2020年装机产能达到253吉瓦，占全世界的1/3。2020年，习近平主席在联合国气候雄心峰会上表示，中国计划在2030年实现光能和风能装机达到1200吉瓦。这是中国技术对世界低碳作出的卓越贡献，也是中国对世界许下的庄严承诺。

第三，财政补贴支持能源转型。

中国的可再生能源在2009年仅占中国电力产出量的17%，到2021年已经提升至27%。可再生能源占比提升的动力之一就是政府对可再生能源实行一定的财政补贴。

近年来，中央财政通过多种渠道进行财政支持保障，对中国可再生能源的发展以及绿色低碳转型的推进起到了显著作用。中央实行可再生能源发电补贴政策，鼓励企业使用可再生能源发电。2006年起，中央财政基于固定电价对可再生能源发电实行补贴政策，取得良好成效，截至2021年底，中国可再生能源发电装机达到了10.63亿千瓦，其中风力发电3.28亿千瓦、光伏发电3.06亿千瓦、生物质发电0.38亿千瓦。2021年，全国可再生能源发电量达2.48万亿千瓦时。中央也对非常规开采的天然气按梯级进行补贴，以结果为导向鼓励气开采，补贴促使2021年非常规天然气实际开采量达到了全国天然气产量的1/3。2021年，中央财政在支持绿色低碳发展方面支出资金约3500亿元。2022年5月，财政部发布《财政支持做好碳达峰碳中和工作的意见》，《意见》指出要强化财政资金支持引导作用，同时发挥税收政策激励约束作用。

中央对新能源汽车的补贴也有十余年的发展。2009年发布的《汽车产业调整和振兴规划》标志着新能源汽车补贴的开端，首先在北京、上海、重庆等13个城市进行试点。2013年，财政部、科技部、工信部、发改委四部委联合出台的《关于继续开展新能源汽车推广应用工作的通知》标志着新能源汽车推广应用补贴政策，在京津冀、长三角、珠三角等区域进行区域试点，新能源汽车产业在政策的帮助下飞速发展，2013年商用新能源汽车的销售额即突破一万辆。2015年，在《关于2016–2020年新能源汽车推广应用财政支持政策的通知》指导下，中央对新能源汽车的补贴推向了全国。在国家大力补贴新能源汽车的背景下，一大批新能源汽车企业成立。为规范市场并推动技术发展，中央对新能源汽车的补贴政策多有调整，2018 年起政策“扶优扶强”导向愈发明显，大幅提高新能源汽车的技术门槛。以 2009 年的“十城千辆工程”为开端，到 2019 年底，中央推行新能源汽车的补贴政策已十年，这期间已累计发放超千亿元补贴资金，取得了不菲的成就，中国新能源汽车市场保有量从 0 到 380 余万辆，年销量从不足一万辆到 120 余万辆，培育了全球最大的新能源汽车市场与众多新能源汽车企业。考虑到新能源汽车市场的发展趋势，2019 年起，新能源汽车行业的补贴逐渐退出，国家补贴几乎减半，地方补贴全面取消。到 2022 年 12 月 31 日，新能源汽车购置补贴政策全面终止。国家对新能源汽车行业的大力投入为孵化行业发展提供了重要保障，真正实现了推动新能源行业发展。

为推广可再生能源，国家一方面采取财政补贴，降低与火电之间的价格差距，推动新能源产业的发展；另一方面也使用多项税收政策，控制高污染行业，推进绿色低碳能源转型。“十二五”以来，中国建立了以环境保护税、资源税、耕地占用税为中心的绿色税收体系。目前中国的绿色低碳税收制度包括五个主要方面：对成品油征收消费税，调节交通运输行业的能耗；差别设置消费税税率，引导低碳绿色出行；征集环境保护税，减少污染物排放；实行矿产资源税从价计征改革；实行增值税、企业所得税相关税收优惠，引导企业进行绿色低碳转型。

国家从财政补贴以及税收政策这两个方面共同拉近可再生能源电与火电之间的价格差距，对绿色低碳转型提供财政支持，便于最终市场空间的形成。

第四，深化社会财富分配体制改革。

一直以来，中国的国民财富分配体系中，国家、企业拿得过多，老百姓拿得过少，是个典型的倒金字塔模式。国家针对这一现状，通过财富分配体制改革，提高劳动力的收入水平，让中国的劳动力口袋里有更多的钱。当老百姓手中有更多钱时，就可以促进中国经济从以第二产业工业为主导进入以第三产业服务业为主导的经济模式。服务业的二氧化碳排放量相对于第二产业来讲会大幅降低，旅游产业、文化产业等都是非常好的低碳产业，也是非常好的减碳经济模式，因此财富分配体制改革对推进绿色低碳转型也有一定意义。

从国民财富分配的全流程看，调整财富分配可以从三个环节着手，即初次分配、再分配和政府支出结构调整。在这三个环节中主要包含了三个层面的途径：

第一层面的途径，减少企业营业盈余，相应增加劳动者报酬；减少政府生产税净额，相应增加劳动报酬；增加居民财产性收入；调整不同部门和不同产业间不合理的劳动报酬。

第二层面的途径，扩展社会保障范围，适当提高企业，特别是政府负担的水平；减少政府向国有企业的资本转移，增加向居民的经常转移；调整非生产税税制，例如所得税、消费税、财产税等，调节收入分配；增加对居民的直接货币性补贴。

第三层面的途径，政府支出调整环节的途径，主要是增加政府消费中的实物转移，增加公共服务供给。

此外，针对这种发展不平衡的现状，中国近年还提出了“第三次分配”“共同富裕”的理念。第三次分配即在初次分配和再分配的基础上，企业和个人通过公益等社会化方式对所属资源和财富进行分配。其主体为社会力量，通过有效的激励和引导，可以成为前两次分配的补充，也是促进共同富裕的手段。

共同富裕的本质，就是要树立“藏富于民”的理念，立足居民能够从第一次分配中获得更多的财富，向国家开刀割肉；同时要强化财富分配体系的法律执行力度，重视市场的价值，真正实现市场经济和社会主义的结合。

第五，继续推进低碳产业园区建设。

如果将全世界工业集中在一起生产，会比分散在全世界各地生产的二氧化碳排放量少。按照这种思路，在中国就可以通过产业规划、园区建设、工业用地的控制等各种行政手段来让中国的工业集中度进一步提升。

以钢铁为例，中国的钢铁业就应该放在沿海适合钢材生产的地方，而不宜在内陆地区新建更多的钢铁企业。这种集中度也和整个区域经济发展的规划有关系，在中国不宜全面积实现开发，像西部地区就不见得每个地方都适合去发展经济，例如青海三江源地区更重要的是生态保护，不宜去发展工业生产。当然要想实现这一步，那就必须在整个国家层面来制定一个财政转移制度，既然对三江源地区进行生态保护，不允许它去发展生产，那这个地方的财政收入就会受到影响，那么如何解决这个问题呢？合理的方法是由下游的省、市对上游采取生态保护的地区进行补偿。

这就如同在目前二氧化碳排放中，发达国家对发展中国家实行资金援助，因为二氧化碳排放是需要全球共同承担的。同样，三江源地区如果保护不好的话，这三条江下游地区都会受到巨大的影响。所以，既然要求上游不能进行工业生产，不能实现财富创造，那么下游城市创造财富的地区和企业就应该为此多付出一些资金支持。

这也就是说要将工业产业的集中放在适宜工业生产的地方，围绕这种新思路，中国的西部大开发整体战略中，就必须要有产业规划的布局。比如在西部开发中，重庆是个以经济建设为中心的城市，但是青海、宁夏就不宜过度地开发其经济价值，而应该保护其生态价值。当这种战略确定以后，对区域经济的发展思路才能更清晰，这也是需要政府解决的问题。只有这样，才能实现各方面统筹兼顾，达到最优设计。

2014 年，工业和信息化部出台了《国家低碳工业园区试点工作方案》第一批国家低碳工业园区试点名单，开展了低碳产业园区的尝试。2022 年，中国标准化研究院发布了《低碳 / 零碳产业园区建设指南》，进一步填补了产业园区转型方面的标准空白。与此同时，内蒙古自治区鄂尔多斯也正在进行全球首个零碳产业园的落地工作。整体来看，中国正处于低碳产业园的高速建设阶段。

第六，持续大力发展碳金融建设。

引导、支持金融业参与进来，运用金融资本带动环境权益的改良，更深一步地去挖掘低碳、减碳经济中的各个产业、各个阶段，通过最有效的方式、最佳途径以及更安全、更精细化的融资平台和模式以实现低碳发展、绿色发展的目标。利用中国资本市场鼓励更多的低碳产业直接融资，从而打通金融和减碳产业的关联。

根据发达国家的经验，金融机构在碳市场中所扮演的角色，会经历一个从以配额为基础的碳排放交易到减排项目融资的转变。发展碳金融需要把私募股权基金（Private Equity，简称PE）作为一个重点。大面积鼓励私募股权基金进入到新能源产业中去，首先要允许、鼓励、支持设立更多的私募股权基金公司，允许中国的社保资金、养老资金、医疗资金等各种形式不同的资金进入到私募股权基金中，发挥私募股权基金专业化的方式。对新能源产业、低碳产业、减碳产业、环境保护产业、节能减排产业实行对私募股权基金进入的政策扶持。要在资本市场上让投资减碳产业的私募股权基金能够有更顺畅的退出机制，让低碳产业成为私募股权基金最看重的产业，从而帮助解决低碳产业发展的资金问题。

中国碳金融市场正处于起步阶段，未来发展前景广阔。中国目前的碳金融市场有北京环境交易所、上海环境交易所、天津排放权交易所和深圳环境交易所，主要从事基础的碳排放权交易，2021 年中国碳交易市场成交额为 76.61 亿元人民币，成交量为 1.79 亿吨，而全球碳交易总额为 7600 亿欧元。从整体上看中国目前碳交易体系尚未完善、项目仍不齐全、监管审查机制尚未健全，仍需后续进一步发展。

中国是全球首个建立系统性绿色金融政策框架的国家。2016年，财政部等七部委联合发布了《关于构建绿色金融体系的指导意见》，明确了“绿色金融”指为支持环境改善、应对气候变化和资源节约高效利用的经济活动。2021年，央行确定了“三大功能”“五大支柱”的绿色金融发展政策思路。央行数据显示，目前中国绿色信贷产品和规模尚未满足相关投融资需求，有很大的发展空间。在政策和需求的双重推动下，绿色金融将成为未来中国碳金融建设的一大窗口。

第七，考虑增加企业碳税。

所谓“碳税”，是根据产品加工过程所排放碳的多少去收税的一种环境税，在现实操作中也常常采用能源税的形式，直接提高燃料最终用户支付的价格。碳税能够使企业在投资过程中，有固定的参考成本。

据了解，截至2009年，世界上已有丹麦、芬兰、荷兰、挪威和瑞典5个北欧国家实施了碳税或能源税政策，而法国也准备从2010年起开征碳税。截至2019年，已经有25个国家开征或准备开征碳税。美国于2020年开始对进口的排放密集型产品收税；欧盟理事会2022年3月就碳边境调整机制（Carbon Border Adjustment Mechanism，简称CBAM）相关规则达成协议，并将于2026年正式开征碳关税。在这样的状况下，中国怎么办？按照世界贸易组织的规定，不能双重征税。中国企业征收了碳税，别的国家就不能再征收碳关税了。与其让西方发达国家征收了我们的碳关税，去补贴它们自己的企业，不如中国自己先征收碳关税，所得的税收补贴自己的企业，以帮助企业改变结构、走上良性发展的道路。

中国目前已有部分碳减排相关税种或税收优惠政策，但还没有设立明确的碳税，相关政策还在探讨、研究当中。若要征收碳税，采用二氧化碳排放量作为计税依据最佳，由于需要采用从量计征的方式，所以适合采用定额税率形式；在税收的转移支付上，应利用碳税重点对节能环保行业和企业进行补贴。

中国现阶段碳税的征税范围和对象可确定为：在生产、经营等活动过程中因消耗化石燃料直接向自然环境排放的二氧化碳。由于二氧化碳是因消耗化石燃料所产生的，因此碳税的征收对象实际上最终将落到煤炭、天然气、成品油等化石燃料上。根据碳税的征税范围和对象，中国碳税的纳税人可以相应确定为：向自然环境中直接排放二氧化碳的单位和个人。

碳税税率形式与计税依据密切相关，由于采用二氧化碳排放量作为计税依据，且二氧化碳排放对生态的破坏与其数量直接相关，而与其价值量无关；因此，可以采用从量计征的方式，即采用定额税率形式。

征收碳税、低碳发展是大势所趋，钢铁等行业需要通过技术创新转移税负成本。但中国企业的税负有点偏高，希望政府在出台碳税时，能统筹考虑企业的负担。对企业来说，税首先肯定是大棒，征收碳税，像钢铁这样的高耗能高碳行业确实会受到负面影响。但在研究碳税的时候，可以考虑不增加企业总的税负，让碳税更多充当胡萝卜的作用。

根据国际经验，结合中国实际国情，对中国碳税税收优惠进行设计。为了保护中国产业在国际市场的竞争力，可根据实际情况，在不同时期对受影响较大的能源密集型行业建立健全合理的税收减免与返还机制。但是，能源密集型行业享受税收优惠必须有一定的条件，如与国家签订具有一定标准的二氧化碳减排或提高能效的相关协议，作出在节能降耗方面的努力。

另外，对于积极采用技术减排和回收二氧化碳，例如实行碳捕获和储存（Carbon Capture and Storage，简称 CCS）技术，并对达到一定标准的企业给予减免税优惠。

根据中国现阶段的情况，从促进民生的角度出发，对于个人生活中使用的煤炭和天然气所排放的二氧化碳，暂不征税。

碳税的收入归属上有三种选择，即地方税、中央税、中央与地方共享税。一般而言，根据中央税与地方税的划分标准，地方税应该是具有非流动性且分布较均匀、不具有再分配和宏观调控性质、税负难以转嫁性质的税种。而碳税会对整个宏观经济、产业的发展产生影响，还涉及一个国际协调的问题。

从这个角度看，碳税不宜作为地方税，作为中央税更为合适。但考虑到中国目前地方税税收收入过低，为了调动地方政府的积极性，建议将碳税作为中央与地方共享税，中央与地方分成比例为 7 ∶ 3。

由中央财政集中碳税收入用于支持节能、新能源和可再生能源利用、新能源技术开发以及其他节能事业的发展。政府还需要建立规范的财政转移支付制度，重点考虑低收入或经济发展水平低的地区，平衡地区间减排成本和收益的分配格局。

从强化中国财政管理的角度出发，碳税的收入也有必要纳入预算管理，与其他税收收入统一进行使用和管理。鉴于中国现阶段的经济发展水平尚低，节能减排方面所需的资金不足，因此，财政有必要合理地利用碳税收入，加大在节能环保方面的支出。

碳税收入还应该采用以下使用内容和方式：一是用于重点行业的退税优惠和对低收入群体的补助等方面；二是可以建立国家专项基金，专门用于应对气候变化、提高能源效率、研究节能新技术、新能源技术开发、新能源和可再生能源利用、实施植树造林等工程项目以及加强有关的科学研究与管理，促进国际交流与合作等方面；三是在具体使用方式上，应该更多地采用财政贴息等间接优惠方式，而较少采用直接补贴的方式，以更好地发挥碳税的作用。

从长期来看，征收碳税对于节能减排来说是一个必然选择，但在制定碳税制度之前，还需要有一个清晰有效的碳价格信号，而目前中国正处于通过碳交易市场获得有效的碳价格的阶段。随着欧盟关于完善征收碳关税立法草案进程的推进，欧盟将于2027年开始征收碳关税，以欧盟为首的碳关税联盟将建立起来，中国主要的出口国家全面征收碳关税将会对中国的化工业等行业造成冲击，届时中国将采用碳税以加快改革步伐，应对碳关税挑战。

第八，加大低碳宣传力度。

2022年世界环境日的主题是“只有一个地球”，是1972年斯德哥尔摩会议的座右铭，该会议见证了联合国环境规划署的成立。50多年过去了，随着气候变化、自然和生物多样性丧失以及污染和废弃物这三大危机持续威胁着我们的地球，我们也意识到这句格言是如此的理性和中肯。

这次大会呼吁各国对政策和选择进行变革，推动践行更清洁、更绿色、更可持续的生活方式，实现与自然和谐共生。地球是我们唯一的家园，我们必须保护其有限的资源。既要从顶层设计抓起，加快淘汰高能耗、高污染的落后生产能力，推进节能减排的科技创新；也要从我们身边做起，加快构建绿色低碳现代生活方式，养成节约水电、绿色消费、垃圾分类、废物循环利用、公共交通出行等节约资源、保护环境、减少排放的绿色生活习惯。

2020年，中国居民生活碳排放总量约为11.86亿吨，约占全社会能源活动碳排放总量的12%左右。其中，城镇生活排放量为7.53亿吨，乡村生活排放量为4.33亿吨，城镇生活排放量是乡村的1.74倍。从人均情况看，中国居民生活人均碳排放量为841千克/人，城镇居民与农村居民人均碳排放量基本持平。从消费类别看，中国居民在衣着、食品、居住和交通领域产生的碳排放量分别为0.05亿吨、1.90亿吨、7.22亿吨和2.10亿吨，分别占居民生活碳排放总量的0.43%、16.88%、64.06%和18.63%。

宣传推广低碳消费，着眼点不需要放得很大，围绕衣食住行有很多可以挖掘的地方。比如衣着领域的碳排放全部来源于电力，减排重点在于洗衣、烘干和熨烫环节，通过使用节能洗涤电器、免熨烫衣物、提倡自然晾干和小件手洗等绿色低碳生活方式，年综合减排量可达430万吨。比如食品领域的碳排放主要来源于电力和各类燃气，减排重点在于烹饪环节，通过抵制食品浪费、节能低碳烹饪、使用节能炊事类电器、提倡高效节能炊具等绿色低碳生活方式，年综合减排量可达820万吨。比如居住领域的碳排放主要来源于热力需求，减排重点在于供暖和热水等方面，通过节约用电、绿色低碳建筑、清洁采暖、使用节能高效电器等绿色低碳生活方式，年综合减排量可达1.22亿吨。比如出行领域的碳排放主要取决于出行方式选择，通过选择新能源汽车、低排放小汽车等绿色低碳生活方式，年综合减排量可达0.86亿吨。综合以上绿色低碳生活方式，可实现年减排量2.2亿吨，推动当前居民生活排放总量下降20%。

有了这些基本的逻辑和常识作为基础，此刻在中国做好低碳宣传工作，提高民众低碳意识，就显得非常有价值了。可以政府主导、企业推进、全民参与方式，深入社区、乡村、企业和学校开展绿色低碳理念宣教、知识普及和技术服务，积极倡导简约适度、绿色低碳的生活方式。

让每一个中国人都明白，应该从细节做起，从自身做起，注意节约、节能，养成良好的低碳生活习惯。让每个中国人都明白，千里之行，始于足下，为了我们的地球家园，一起行动起来。让每个中国人都明白，低碳不仅是生活方式的选择，而且是一种责任。让每个中国人最终参与到减缓全球气候变暖的行动中来，实现低碳发展，保卫地球。

第九，加快中国碳交易市场的建设。

推动实现碳达峰目标和碳中和愿景，除了政府积极作为，也离不开市场这只“无形的手”。碳交易是一种基于市场的制度设计，可以通过市场的手段来达到降低碳排放的目的，它在欧洲已经发挥了重要的作用。但由于历史上中国并没有欧洲的配额制，所以中国离真正意义上的碳交易市场还有很长的路要走，目前只是初现雏形。中国碳交易市场中，比较常见的是清洁发展机制项目交易，简单地说就是发达国家用资金和技术换取各种温室气体的排放权。但由于哥本哈根世界气候变化大会并没有就后京都时代达成协议，使得清洁发展机制未来的交易充满变数。

所以现阶段，中国的碳交易市场的建设一方面要着眼长远，为未来迟早要实现的碳配额制作好平台准备；另一方面要务实地着眼于现在最有发展潜力的 VER 项目交易。VER 项目是一种自愿减排的交易，主要是一些比较大的公司或者机构，由于自身宣传和履行社会责任的需要，会购买一些减排量来抵消其日常经营和活动的碳排放。

2009 年 8 月 5 日，国内自愿碳减排第一单交易达成：天平汽车保险股份有限公司购买了奥运期间北京绿色出行活动产生的 8026 吨的碳减排指标，成为第一家通过自愿购买碳减排量实现碳中和的中国企业。在这笔交易中，碳减排指标经过清华大学交通研究所的核证，为奥运单双号限行期间北京市近百家企事业单位减排的二氧化碳量的一部分，其购买资金则作为捐赠全部注入中国民促会绿色出行专项基金，用于支持绿色出行项目的可持续发展。此后，2009 年 12 月 25 日，上海稻草人旅行社有限公司通过在北京环境交易所购买经核证的自愿减排量，成为中国第一家自愿为旅行活动所产生的碳排放负责的旅游公司。“稻草人旅行”还承诺：在 2015 年之前成为一家彻底贯彻碳中和原则的公司，即在项目活动中产生多少二氧化碳的排放，就采取多少抵消措施进行碳中和。这两项自愿达成的减排行为，属于中国正在建设中的 VER 交易的成功案例。

2017 年末，经过国务院同意《全国碳排放权交易市场建设方案》印发实施，要求建设全国统一的碳排放权交易市场。2020 年 12 月，生态环境部发布《2019—2020 年全国碳排放权交易配额总量设定与分配实施方案（发电行业）》，这标志着中国碳市场建设以及碳配额制度制定取得了显著进展。2021 年 7 月 16 日，全国碳市场启动上线交易。全国碳排放权交易市场官网数据显示，截至 2022 年 10 月 21 日，碳排放配额累计成交量 1.96 亿吨，累计成交额 85.8 亿元[①]，市场运行总体平稳有序。

然而对于碳市场而言，目前成交额并不算高，中国碳交易市场还有较大的发展空间。当前，中国碳市场即将步入第二个履约期。全国碳交易市场体系已基本建成，交易规模正逐渐扩大，但仍存在许多问题，例如在第一个履约期内，参与交易的行业以及主体较为单一，主要集中在发电行业，交易产品限于碳排放配额。

---

① https://mp.weixin.qq.com/s/ms5UV_ePtuzsiV9wFi4RuA.

后续仍需加快推动其他行业进入碳市场，精细化碳排放数据统计，实行统一的行业标准以及交易监管机制。至此，中国自己的全国碳市场初具雏形。这是中国在生态环境保护的市场化机制上的又一里程碑。交易首日，中国碳交易价格不到欧盟价格的1/8，中国碳市场有巨大的发展空间。

中国的碳交易市场需要在低碳理念的培育下，大力推进VER项目市场，争取向VER的商品市场和配额市场发展，最终向碳期货市场迈进，即向证券化、金融化的碳市场发展。如果能够达到这些目标，无疑能用市场的力量大力推动减碳。

第十，推进开发利用农村地区的可再生能源。

水电、风电、光电等可再生能源都是以自然资源为基础的。可建设水电的河流、可建设光电的光照区域是有限的，虽然中国目前还未达到资源利用瓶颈，但未来终有一天，中国将会面临类似于今天欧洲发达国家面对的无地可用的情况。

与此对应的是，中国农村地区有丰厚的、未经开发的自然资源和土地资源。开发农村地区能源资源既有助于发展绿色能源，也能帮助农村居民增加收入、助力乡村振兴。

举例而言，为了利用太阳光资源，可以鼓励在农村地区屋顶建设光伏式发电，接入电网，并给予每户安装光伏的家庭一定比例的经济补助。农户获得了额外收入，全社会也收获了额外的清洁能源来源。

为了实现这个愿景，需要软件、硬件两方面的机制创新。电网如何有效地接入个体农户，投资从哪里来，收益如何在电网与农户间分享，都是需要考虑的问题。2022 年 5 月，农业农村部《关于农业农村减排固碳实施方案》指出因地制宜推广应用生物质能、太阳能、风能、地热能等绿色能源，既是农业农村现代化的建设方向，也是实现“双碳”目标的潜在动力。《方案》提出了 2025、2030 年的规划，规定了六大重点任务，为中国将来农村地区可再生能源的开发提供了一个路线图。

要实现有效推进以上所有的“术”，必须平衡好市场主导与政府引导的关系。国家发改委 2022 年《关于完善能源绿色低碳转型体制机制和政策措施的意见》指出，坚持市场主导、政府引导，是中国绿色转型的基本原则。强有力的政府是中国的制度优势，政府的顶层设计、统筹推进，可以制订合理、科学、长期、有效的环保战略。与此同时，市场在资源配置中的决定性作用也是完成低碳目标的一大原动力。如何平衡二者的关系，使政府与市场相辅相成，是摆在我们面前的一大挑战。

要同时做到市场主导和政府引导，需要深化能源领域体制改革、找好政府自己的定位和合理的干预方式。一个合适的切入点，是为市场构建一个公平、开放、有效竞争的能源市场体系。在这个过程中，政府充当规划引领、政策扶持、市场监管的作用，营造一个良好的发展环境，市场则在这个体系中相对自由地发展，为绿色能源转型提供动力。

中国在 2021 年二十国集团领导人第十六次峰会中提出关于“双碳”的“1+N”政策体系，就体现了这种平衡发展的思想。“1+N”中的“1”是指国务院印发的《关于完整准确全面贯彻新发展理念做好碳达峰碳中和工作的意见》，N 则包括一系列领域和行业的配套措施和行动。作为“1”的《意见》是政策的统领文件，体现了政府的顶层设计和引导作用，为各行业提供了制度基础。作为“N”的若干其他措施，则基于“1”的原则，再根据实际情况制订，体现了市场的作用。从科技支撑、能源保障到详细的行业实施方案，兼收并蓄，有助于避免“一刀切”的粗放式减排，又保证了各行各业不偏离“1”的指导纲领。“1+N”的本质，即是政府和社会各行各业的有机协同、共同发展。

绿色能源是一个新兴产业，发展速度快，可谓日新月异。新技术、新材料每天都在涌现，相应地，我们的“术”也需要时时更新。《孙子兵法》言：“道为术之灵，术为道之体。”明晰低碳发展的道，了解低碳发展的术，二者相辅相成，才能帮助我们达成长期绿色低碳发展的终极目标。

要实现低碳发展，除了自身的道和术，我们也要关注外部势力的围和堵。在下一节中，我们将从西方对中国低碳转型的重重包围讲起，寻找一个中国合理参与全球气候政治博弈，既承担全人类的环保责任，又兼顾自身发展利益的方法。

中国绿色低碳发展的围

除了内部困难，中国的绿色低碳发展也面临着外部因素带来的挑战。部分发达国家不顾历史事实，对包括中国在内的广大发展中国家提出了不切实际的减排要求。针对这种围堵，国内外有识之士已经多次指出了其虚伪的本质。要破除这种围堵，中国要避免削足适履、一味迎合，而应该根据国情，自主制定适合自己的绿色发展方式和目标。

2010年，哥本哈根不欢而散后，记者与丁仲礼院士在《面对面》节目中有一场著名的采访。哥本哈根世界气候大会给各国提出了碳排放的天花板，设定了全球碳排放的总量。丁院士指出，虽然表面上看，发达国家的减排程度比发展中国家更大，但发达国家已经基本完成了工业化和基础设施建设。发达国家的排放已经是过去时了，而对于包括中国在内的广大发展中国家而言，工业化尚未完成，也尚未经历过高排放、高发展的历史阶段。从1900年到2005年间，发达国家的人均排放是发展中国家的7.54倍。如果忽视历史，而片面地要求发展中国家与发达国家共同承担减排责任，无异于让发展中国家为发达国家过去的排放买单，这显然是不公平的。

联合国贸易和发展会议的2021年的报告也认为，要理解世界碳排放的现状和减排的责任，不能片面地统计每个国家的排放总量，而需要从人均排放的视角来看问题。发达国家的人均碳排放远高于发展中国家，美国的人均碳排放是中国的两倍以上。为了人类的共同利益，发达国家应该采取措施降低人均碳排放，并向发展中国家提供碳转型过程所必要的科技和财政支持。

杜祥琬院士在中国科学报发表的文章指出，新型发展的核心是“以人民为中心”的发展。这是可持续发展的内在需求，也是中国积极而务实地应对气候变化的根本动力。以人民为中心的发展，要求我们兼顾长期减排的环境目标和人民日常生活对能源的正常需求。所以中国绿色发展政策的关键应该是合理、可行的长期目标。

中国的绿色低碳发展，既要积极，又要务实。我们要根据国情，自主制定适合自己的绿色发展途径和目标。部分发达国家对中国等广大发展中国家强行施加的这些限制，不符合国际公义，长期来看，也不利于全球的可持续性减排发展。如果中国按他们的要求，削足适履，强行腰斩自己的高排放产业，则是一种不可持续的减排，不仅牺牲了人民的生活水平，也会伤害产业转型和技术创新，反而不利于实现长期的减排目标。

要破除这种围堵，中国必须采取一种有针对性的策略，既要体现我们对环保目标的支持和重视，又要兼顾发展和自身国情。基于此，我们提出两个核心概念："减碳"和"试点"。

首先，为了实现平衡的、可持续的减排，中国要谨慎、稳健地减碳。之所以提减碳而不提低碳，是因为减碳能够结合中国的机遇和挑战，处理好二者之间的关系，从而务实地推行中国的战略。

中国幅员辽阔，各地区发展情况尚有较大差异，全国范围内推进一致的碳达峰进程不具备现实可操作性。《2030年前碳达峰行动方案》中明确指出，各地区要梯次有序进行碳达峰行动，准确把握自身发展定位，科学合理、因地制宜制定碳达峰目标。国内经济更为发达的地区，如京津冀、长三角、粤港澳大湾区，要发挥高质量发展动力源和增长极作用，以领头羊的身份率先起步，进而推动经济社会的全面绿色转型。

其次，根据我们的发展现状，一种合理的发展方式是通过试点的方式逐步推进减排事业。在试点的城市或地区可以采用比较接近低碳的政策。因为作为个体，而不是整体，即使部分区域完全实行严格的低碳政策也不会对中国整体的发展形势造成巨大的挑战和障碍。这如同当年改革开放初期，邓小平同志知道在全国一下子实现大幅度的改革开放，必然会冲击整个经济和政治体制，会影响到整个社会的稳定发展，所以他就选择了五个经济特区来进行改革试点。事实证明，小平同志的这个试点战略是成功的，由点到面，逐渐推进，最终形成了中国整体改革开放的大格局。当时深圳的一些做法在内地看来是非常激进的，甚至是难以接受的，但是由于深圳的面积非常小，这种小范围的试验并没有影响到内地的发展。在改革过程中，采取双轨制这种模式，摸着石头过河，才使得改革开放慢慢渗透到了内地。同样，在建立中国减碳经济、减碳社会，落实"碳达峰"行动的过程中，也应该出现一部分城市实行大幅度减排的试点工程，按照国际的标准来实行低碳社会的建设。

试点也可以从一些行业率先开展。以钢铁行业为例，为优化生产力，可以将京津冀地区作为重点，减压钢铁产能、促进企业结构优化、清洁能源代替高污染能源、推广新型适用技术、提高废钢的可回收率。针对先进适用技术，如氢冶金、二氧化碳捕捉利用一体化，建设相关试点，探索其辅助节能降碳的潜力。

在低碳试点之路上，中国已经迈出了第一步。早在 2007 年，国务院就批准在武汉城市群和长株潭城市群实现环境友好型、资源节约型的社会城市建设。

试点要取得成功，有两个关键：突出重点、大胆尝试。

首先，试点是需要付出代价的，而且是巨大的代价，尤其是资金上的代价，在这点上，中国政府如果是想真正应对气候变化的话，就应该拿出一些真金白银来帮助试点地区大胆试验。中国政府必须要加大对“两型社会”试验区改革的财政投入力度，加大政策支持的力度，鼓励其大胆进行改革。

其次，试点区域也要突出重点，有主有次。在气候变化历史大环境下，在全世界都在积极推进低碳建设的背景下，中国也必须考虑到选择重点发展低碳。中国于 2009 年一年内批复了 13 个省市区域经济发展规划，加上 2008 年以前的各种不同的试验区，那么中国基本上有 20 多个比较有名的试验区。

2007 年长株潭城市群和武汉城市圈获批全国“两型社会”建设综合配套改革试验区，截至 2022 年，“两型社会”建设任务基本完成，生态文明建设取得明显成效，生态环境质量总体改善。目前，长江中游城市群的环境品质与能耗水平均领先于长江经济带平均水平。

湖南紧紧抓住国家赋予的先行先试这一最大政策和机遇，以改革破题，率先从交通同网、能源同体、信息同享、生态同建、环境同治等方面，探索出一条经济社会发展与环境保护双赢的新路。2009 年，长株潭三市在全国首开先河，突破行政区域限制，实行三市通信同费，标志着两型社会试验区建设迈出实质性步伐。

同年，《长株潭两型社会建设综合配套改革试验总体方案》出台，明确分“三个阶段”在全国率先建成两型社会示范区。2011 年，长株潭启动排污权交易试点，在全国率先启动两型示范创建工作；2012 年，居民水电气阶梯价格改革“破冰”；2015 年，出台全国首个省级生态文明体制改革实施方案，并编制形成相关实施意见，打出生态文明改革的“组合拳”。在两型社会建设探索实践中，湖南共实施原创性改革 100 多项，推进“十大重点改革”，形成 51 个可复制可推广的生态文明改革创新案例。编制 60 多个标准、规范、指南，在全国率先建立两型标准体系，率先开展两型标准认证。在全国首创两型社会建设综合评价体系，推行生态文明绩效评价考核和责任追究。两型采购、两型示范创建、两型标准体系、农村生活垃圾分类治理等一批改革经验上升为全国经验。

武汉城市圈获批以来，市委、市政府把推进“两型社会”建设作为贯彻落实科学发展观的重大举措，积极进行试点，在重点领域和关键环节的改革试验都取得初步成效。2009 年 11 月，武汉城市圈综合配套改革试验三年行动计划出炉。“1 + 8”城市圈生态建设与环境保护规划出台。2010 年 3 月，武汉城市圈被列为国家“十二五”重点发展区域。2011 年 9 月，武汉大东湖生态水网构建工程的启动项目——东沙连通工程暨楚河全线通水通航。2013 年，《武汉城市圈一体化建设实施方案（2013-2015）》发布，武汉城市圈综合配套改革试验第二个三年行动计划出炉。为抵御国际金融危机影响，武汉城市圈以发展循环经济为突破口，积极探索具有武汉特色的循环经济发展新模式。大力推进东西湖区、青山区、阳逻开发区等循环经济试点园区建设，规划建设跨行政区域的循环经济产业园区，实施了一批循环经济产业项目。并且，创办武汉循环经济发展研究院和实验室，为循环经济发展提供了强大的技术和智力支撑。

试点的思想同时可以应用到中国的碳市场建设上。过去中国碳交易市场发展缓慢的原因之一就在于中国没有实行配额制。为推进中国碳交易市场以及配额制度的形成，同样可以采取试点试验区的方式。2011 年 10 月，中国在北京、天津、上海、重庆、广东、湖北、深圳七省市启动了碳排放权交易地方试点工作。以上述试点的经验与收获为基础，全国碳市场于 2017 年底正式启动筹备，经过基础建设期、模拟运行期，2021 年 2 月 1 日，《全国碳排放权交易管理办法》正式施行。2021 年 7 月 16 日，全国碳市场在上海环境能源交易所正式开市。经过十年的积淀，中国碳交易市场以及碳配额制度的建立实现突破性进展，碳市场正式从区域试点走向全国统一，真正进入配额现货交易阶段。

面对外部势力的围堵，中国必须坚定自信，走出一条真正适合自己的绿色发展之路。由试点开始，逐步推进绿色发展，是中国根据自身国情自主选择的道路。这是中国基于改革开放时期城市试点、逐步改革总结出的经验。有改革开放时期试点的成功经验，我们有理由相信，这条路可以给中国带来真正长期、可持续的绿色发展。随着减碳试点的逐步开展，中国正在走出一条属于自己的绿色发展突围之路。

中国绿色低碳发展的度

减排是一项需要全球合作的事业。和固定在局部区域上空的二氧化硫不一样，二氧化碳是一种能够在全球大气层中到处漂移的气体，所以在应对气候变化的挑战中，全球合作历来是最佳的解决办法。

中国如何更好地在国际博弈中采取一个合适的策略显得尤为重要，在国际博弈中，中国应该坚持“不抛弃，不激进”的原则。总体而言，中国在国际上的策略应该和减碳的策略一样，要保持中国传统文化中的中庸之道，既要接受人类共同应对气候变化的挑战，同时也要看到中国现实的国情，把这两者有机地结合起来，既不能够完全置身事外，也不能够好高骛远，脱离实际。

近年来，在某些领域，中国所做的工作对世界其他国家都有启发作用，特别是在清洁能源，例如太阳能和风能的生产和部署方面，中国是作出巨大贡献的国家之一。预计到 2030 年，中国将处于城市化、工业化后期，中国的科学技术在能源、可再生能源方面有很大的突破。所以，几种因素结合起来，2030 年碳达峰对中国而言是一个相对合理且可实现的目标。

我们应该积极地参与国际绿色发展的协同合作，同时也要选择一个有利于自己的策略。为了达成这个目标，今后，我们在低碳博弈的国际谈判中还要注意以下几点：

第一，要把从工业革命以后的人均消费累积历史量作为一个最重要的指标。因为按照美国人的价值观念，天赋人权，人生而平等，目前全球二氧化碳排放的累积量美国占 25%，是世界上人均排放量最高的国家，而人口是美国 4 倍的中国却只占 14%，相比之下，中国历史累积人均排放量只相当于美国的 14% 左右。用历史累积的指标和发达国家的水平进行对比，来帮助中国获得发言权，这也是一种道义的力量。

在这个时候，还可以进一步引申出人均累计消费排放量这个概念。导致温室气体大量排放、气候变暖趋势加剧的根本原因最终是消费而不是生产。采用最终消费排放概念，既能够避免关于生产者和消费者谁获益的争论以及由此导致的重复计算问题，因为最终双方的收益均在自身福利中体现，同时又提供了一个动态视角，能够考察投资最终进入消费的动态影响。

中国经济 50 人论坛与斯德哥尔摩国际环境研究院曾成立了一个课题组，开展了一项题为“走向低碳经济，应对气候变暖”的研究。在核算了 1950—2005 年的世界各国累积消费碳排放量后，课题组发现中国累积国内实际碳排放量占世界累积碳排放总量的比重虽高达 10.19%，但是中国累积消费碳排放量仅占世界累积消费碳排放总量的 6.84%。这意味着约有 1/3 的国内实际排放是为他国居民生产消费品所致，而大部分发达国家如日本、英国的累积消费碳排放量要远大于其国内实际排放量。根据 Our World in Data 的数据显示，从工业革命后到 2019 年中国累积国内实际碳排放量占世界累积碳排放总量的比重为 13.53%，而同年中国累积消费碳排放量仅占世界累积消费碳排放总量的 12.18%，约有 10% 的国内实际排放量是为他国居民生产消费品所致。

中国根据这个原则，作为国际公平分担减排责任与义务的重要指标，将“共同有区别的责任”原则进一步扩展为“共同有区别的碳消费权”原则。同时，从构建人类命运共同体角度，增量碳排放权要留给不发达国家，兼顾二氧化碳排放问题和发展中国家的发展权问题。

第二，中国必须要联合更多的发展中国家。

在气候变化谈判中，中国作为发展中国家，应该和南非、印度、巴西组成一个核心的结盟，有了同盟军，在国际博弈中就不易陷入孤立状态，这是非常重要的策略。

既要紧密联合“基础四国”，也要处理好与七十七国集团的关系。七十七国集团在国际上是比较有影响力的组织，尽管它们是以实力不强的发展中国家为主体，但是由于人多力量大，在目前国际博弈中，都拥有机会均等的一票。同时要加强与岛国、热带雨林地区的国家之间的沟通，它们对气候变化有着天生的敏感性，甚至不排除适当地拿出部分资金来帮助它们应对海水上涨造成的危害，这样可以帮助中国在国际上形成良好的舆论氛围。

新中国恢复联合国合法席位时，主要依靠的就是广大发展中国家的支持。中国与其他发展中国家有深厚的传统友谊，无论是从政治还是现实利益角度，都有广泛的合作空间。在环保问题上，发展中国家也有广泛的共同利益。中国作为世界上最大的发展中国家，如果能在环保问题上代表发展中国家发声，既能提升自身的国际影响力，又能体现大国的责任和担当。

第三，还需要和美国、欧洲这些主要发达国家和地区进行理性的沟通。

一定要把中国的发展权、生存权、贫富差距、工业化、城市化这些客观沉重的事实摆在桌面上，从而得到他们更多的理解。

在这个方面中国需要做两件事情，第一件是中国确实需要在减碳方面作出更大的举动，在技术进步、产业调整、淘汰落后产品、压缩高耗能产业上，要作出让西方国家能够看得到的一些动作，也就是说要有可观察、可检测、可报告的具体情况。让国际社会明白，随着中国普通民众解决生存问题以后，中国会和国际社会一起来解决气候变化，来适应总量控制。

第二件就是呼吁发达国家承担符合历史事实和国际公义的减排责任。世界气候变化是一个循序渐进的过程，其中人类活动导致的气候变化绝大部分来自发达国家工业化过程中的排放。直到今天，发达国家的人均排放也是发展中国家的数倍。基于此，中国和广大发展中国家理应要求发达国家承担更大的减排责任，从而实现中国的利益均衡。

第四，中国在国际博弈上一定要谨慎地看待总量问题。

自《巴黎协定》实施后，减排问题上在坚持“共同但有区别”原则的同时，由原来的双轨制变为单轨制，将发展中国家与发达国家同时纳入减排的要求中。新的气候变化协定体系在减排规模上采取“自主申报 + 审批”的模式，这种模式以自下而上的治理为主，并符合“国家自主决定”安排。

这是《巴黎协定》形成的最为重要的会议成果之一，按照大会一号决定，各方需要在 2020 年通报或更新其“国家自主决定”

安排，但受到疫情影响，各国在2021年仍在持续落实这一要求，向《联合国气候变化框架公约》(以下简称《公约》)秘书处提交更新的“国家自主决定”安排。截至2021年年底，《公约》秘书处建立的临时登记簿中共有186个缔约方通报了的减排目标，其中就包括中国的“3060”“双碳”目标安排。

中国是全球最大的发展中国家，也是世界第二大经济体，虽然根据《巴黎协定》，中国并不需要像发达国家一样承担向发展中国家提供相应气候治理的资源，但其他发展中国家如中国南南合作的对象等，对于中国向其提供援助存有较高的期望。并且，中国还需要承担来自发达国家对于中国承担大国责任的较高水平要求和压力。同时，国际上对于中国统计数据的真实性和准确性具有一定程度的质疑，中国目前的统计体系和能力也不足以满足《巴黎协定》所要求的透明性。

综上所述，出于多方面的考量，尽管已经提出负责任的减排目标，尽管中国仍在努力提升节能减排能力，但中国依然面临着较为严重的减排压力。而当减排目标无法达成时，中国则需要承担国际社会的舆论压力，并不利于中国国际形象的建立。所以中国“双碳”目标的推进，既要结合国际博弈实际、积极配合国际游戏规则，又要结合中国发展的实际情况，头脑不发热，务实地量化地推进中国的碳排放控制，有条不紊地推进绿色低碳转型和低碳社会建设。

结　语

“中庸”是中国几千年传统文化的精髓，本文提出的中国减碳战略，是结合中国现阶段的国情选择的中庸之道。这为中国当前发展低碳经济提供了一条能上能下的通道口，不至于被卡死在低碳和高碳双重挤压中。

在市场经济条件下，低碳尚处于萌芽状态，经不起市场风浪的袭击，需要政府的悉心呵护，使低碳经济快速步入正轨。政府这只“有形的手”要发挥其应有的作用。

无论是法律政策、科技研发、财政补贴、人民币升值，还是财富分配体制改革、低碳园区建设、碳金融的建设、开征企业碳税、加大低碳宣传、碳交易市场的建设等，都是必不可少的措施。因为只有多管齐下地扶持低碳经济的发展，才有可能使得目前成本较高的低碳经济拥有活力。简而言之，只有让低碳经济赚钱，企业才能跟进。“1+N”的政策安排，就体现了这种政府与社会协同并进的思想，是可行的发展路径。

要实现减碳的战略目标，破除部分外部势力的围堵，中国应该根据国情，平衡经济发展与减碳之间的关系，定下合理、可行、逐步推进的减排计划。减排是一个长期事业，不能一蹴而就，但也需要我们进行大胆的尝试。改革开放的成功经验告诉我们，面对转型的不确定性，试点是一种现实可行的策略。政府需要进行碳试点，这就要开放一些低碳城市，探索发展的模式和规律，结合中国两型社会建设的示范区计划，实现同步发展，大胆试验，强力突破。因为是小范围的经验摸索，所以碳试点不妨来得更猛烈一些，公开、透明、严格地执行国际标准。

在国际舞台的博弈问题上，中国同样需要吸取中庸之道的思想资源，讲究各种策略，在适当的时候把人均累计碳排放量作为一个重要指标提出来。一方面要联合其他国家，尤其是要和“基础四国”、七十七国集团一起，与发达国家进行理性的沟通；另一方面需要认真谨慎地对待总量控制减排的问题。为了迎接气候变化的挑战，中国需要加大舆论宣传，让减碳的理念深入人心。

近年来，中国循序渐进的减排策略已经取得了一定成效。我们有了“双碳”目标，并且在汽车电池、太阳能光伏等产业取得了可观的技术优势和市场份额。我们有理由相信，只要坚持我们的减排正道，中国将会成为一个掌握先进技术、承担国际责任的环保领导大国。

人类只有一个地球，地球只有一个中国，中国的未来在哪里？

每一次历史关头的重大选择都会产生深远而广泛的影响，梦想民族复兴的中国，在面临全球气候变化的问题上，我们完全可以发出这样的吼声——“减碳，才是中国正道！”

参考文献

[1] EUROPEAN COMMISSION. Europe's moment：Repair and prepare for the next generation，456 final[R].Brussels：COM，2020.

[2] EUROPEAN C OMMISSION. Communication from the Commission to the European Parliament，the European Council，the European Economic and Social Committee and the Committee of the Regions，640 final[R]. Brussels：COM，2019.

[3] 苍岚，张淑翠，关兵.日本“碳中和”目标下产业低碳化发展路径及启示[N].中国计算机报，2021.11.01(12).

[4] 陈雳.绿色金融如何服务碳中和目标[J].金融博览（财富），2021(08):20–21.

[5] 陈文婕，陈晓春.碳锁定突破的非政府组织参与研究[J].湘潭大学学报（哲学社会科学版），2018,42(02):38–44.

[6] 陈素梅.中国工业低碳发展的现状与展望[J].城市，2022

(01):63-69.
[7] 杜群，李子擎.国外碳中和的法律政策和实施行动[N].中国环境报，2021.04.16(06).
[8] 董勤.巴厘岛会议后的美国气候外交策略[J].法制与社会，2009(01):213-215.
[9] 范宸轩，程文，王乐娴.新时期低碳经济法律发展分析与当代意义探讨[J].消费导刊，2018(13):158.
[10] 郭爽.全球变暖北极老家融化，数万只海象逃往阿拉斯加[EB/OL].新华社.http://hnrb.hinews.cn/html/2011-09/20/content_12_6.htm.2022.08.08.
[11] 郭丁文.碳达峰碳中和的中国路径分析[J].中国经贸导刊，2021(21):69-71.
[12] 高晓雪.低碳出口:当前国际环境下的必由之路[J].合作经济与科技，2011(11):70-72.
[13] 耿利敏.碳关税背景下中国对外贸易发展模式的转变[J].南京林业大学学报（人文社会科学版），2012,12(01):76-81.
[14] 黄伟夫.揭穿二氧化碳导致全球变暖的谎言[J].博览群书，2010(09):10-15.
[15] 惠婕.气候变化危机迫在眉睫[J].世界环境，2022(1):14-15.
[16] 焦永杰，张晓惠，卢学强，苏畅.基于环境治理策略变化的环境治理生态化刍议[J].世界环境，2021(6):37-41.
[17] 贾建辉，陈建耀，龙晓君.水电开发对河流生态环境影响及对策的研究进展[J].华北水利水电大学学报（自然科学版），

2019,40(02):62–69.

[18] 家庭低碳生活与低碳消费行为研究[R]. 能源基金会、南方周末，2020.

[19] 居煇，韩雪.气候变化适应行动进展及对中国行动策略的若干思考[J].气候变化研究进展，2008(05):257–260.

[20] 李昕蕾.非国家行为体参与全球气候治理的网络化发展:模式、动因及影响[J].世界环境，2018(2):17–26，76–77.

[21] 李佐军.借鉴欧盟绿色新政经验 加快推进中国绿色振兴[J].城市学刊，2020(6):59–63.

[22] 李实，朱梦冰.推进收入分配制度改革 促进共同富裕实现[J].管理世界，2022,38(01):52–61.

[23] 刘磊，周永锋，刘冬.欧盟碳排放交易体系建设经验及启示[J].金融纵横，2021(06):42–48.

[24] 李司宇，张琬.关于国际石油公司能源转型和碳资产管理的思考[J].天然气与石油，2021,39(05):115–119.

[25] 刘英楠.全球变暖研究中的学术不端行为争论及启示[J].世界科技研究与发展，2016,38(05):937–941.

[26] 刘廷宇，张世伟.垂直专业化分工是否引致工资极化——基于中国家庭收入调查数据的经验分析[J].国际贸易问题，2022(02):37–53.

[27] 卢荻梵.国际气候援助状况及中国气候变化对外援助研究[D].北京：外交学院，2013.

[28] 李连发.未来消费模式政策体系的构建和塑造[J].人民论坛，

2020(28):88–90.
[29] 马强强，齐艳丽.论生态伦理与经济可持续发展[J].克拉玛依学刊，2012,2(01):26–28.
[30] 马溯川，陈思.构建绿色“人类命运共同体”的现实性分析[J].武警工程大学学报，2017,33(5):12–15.
[31] 买尔哈巴·马拉艾麦提，艾尼瓦尔·尼吉木.绿色GDP与中国绿色经济发展[J].中国商贸，2013(12).
[32] 潘家华.哥本哈根气候会议的争议焦点与反思[J].红旗文稿，2010(05):9–12.
[33] 皮艳军.全国碳市场构建对传统油气和石化产业的挑战及应对[J].当代石油石化，2021,29(08):12–15.
[34] 杞忧.巴厘岛会议[J].生态经济，2008(03):10–13.
[35] 钱志新.第四次浪潮：低碳新文明[M].南京：凤凰出版传媒集团，江苏人民出版社，2010（08）.
[36] 任德曦，胡泊.关于中国核电安全、高效发展与经济发展相均衡的探讨[J].中外能源，2013，18(03):21–32.
[37] 人民网.发达与发展中国家减缓与适应气候变化技术差距–搜狐新闻[EB/OL].2009–10–22.
[38] 宋冰，陈晓晨.IPCC“冰川门”[N].第一财经日报，2010–01–28(A01).
[39] 苏言，贺濒.维基解密[M].南京：江苏人民出版社.2011.
[40] 孙萌萌.从冰期预测到全球变暖假说[D].上海：上海交通大学，2018.

[41] 孙雪丽.中国发展低碳经济的必要性与可行性分析[J].现代经济信息，2017(11):5–7.

[42] 沈可挺，李钢.碳关税对中国工业品出口的影响——基于可计算一般均衡模型的评估[J].财贸经济，2010(01):75–82.

[43] 舒印彪，张智刚，郭剑波，张正陵.新能源消纳关键因素分析及解决措施研究[J].中国电机工程学报，2017,37(01):1–9.

[44] 史爱生.充分发挥税收职能作用 推动经济发展方式加快转变[N].山西经济日报，2010(07).

[45] 史丹.绿色发展与全球工业化的新阶段:中国的进展与比较[J].中国工业经济，2018(10):5–18.

[46] 王奉安.解读“巴厘岛路线图”[J].环境保护与循环经济，2008(02):62–63.

[47] 王振华.生态型小微企业发展能力影响因素识别及关系构建——基于AHP分析法[J].贵州师范大学学报（社会科学版），2019(03):53–62.

[48] 王岑.“碳锁定”与技术创新的“解锁”途径[J].中共福建省委党校学报，2010(11):61–67.

[49] 王佳林.坚定不移、有序推进——从2021年中央经济工作会议看中国绿色低碳转型发展路径与部署[EB/OL].2022–01–11

[50] 王家诚.中国工业能耗与节能途径[J].当代石油石化，2007(08):1–6.

[51] 王宇航.国际碳金融市场期货的价格发现功能分析[J].现代商业，2013(33):24–28.

[52] 卫奇."气候变化"是一个骗局[J].化石，2011(03):58-61.

[53] 武建奇.中国特色共同富裕理论的新境界[J].河北经贸大学学报，2021,42(06):8-15.

[54] 武玲玲.从日元升值看人民币汇率改革[J].经济与管理，2011,25(02):64-67.

[55] 伍浩松，戴定，赵畅.国际能源署发布2050年净零排放路线图[J].国外核新闻.2021(06).

[56] 徐再荣.从科学到政治:全球变暖问题的历史演变[J].史学月刊，2003(04):114-120.

[57] 徐崇利.《巴黎协定》制度变迁的性质与中国的推动作用[J].法制与社会发展，2018,24(06):198-209.

[58] 杨长进，田永，许鲜.实现碳达峰、碳中和的价税机制进路[J].世界环境，2021(01):20-26.

[59] 杨栋.太阳能光伏产业的污染与有效防治分析[J].资源节约与环保，2021(04):103-104.

[60] 叶青，赵福昌，翟继光，李森，文峰，阮静.共同富裕与收入分配改革：如何推进？[J].财政监督，2021(20):36-49.

[61] 叶祥松，胡剑峰.储蓄率与经济增长的关系研究——基于中国1978—2008年间的数据分析[J].创新，2010,4(05):61-64.

[62] 禹湘，潘家华.以碳达峰为契机 加速构建中国工业绿色低碳发展新模式[N].人民邮电，2021-11-04(002).

[63] 张梦琳.特朗普的贸易保护主义及其影响[J].当代经济，2017(14):10-11.

[64] 张保淑.从“全球变暖”到“全球变冷”:谁在忽悠地球[J].今日科苑，2013(17):36–39.

[65] 张海龙.中国新能源发展研究[D].长春：吉林大学，2014.

[66] 张一鹏.低碳经济与低碳生活[J].中外能源，2009,14(04):12–15.

[67] 张宝珍.“绿色壁垒”:国际贸易保护主义的新动向[J].世界经济，1996(12):20–25.

[68] 张建云.碳关税贸易壁垒对中国对外贸易的影响及对策[J].经济研究导刊，2012(24):18–19.

[69] 赵骏，孟令浩.中国碳排放权交易规则体系的构建与完善——基于国际法治与国内法治互动的视野[J].湖北大学学报（哲学社会科学版），2021,48(05):120–131.

[70] 赵春升.全球化石能源的地理分布与中国能源安全保障的政策选择[D].兰州：兰州大学，2012.

[71] 郑景云，葛全胜，刘浩龙，萧凌波.“气候门”与20世纪增暖的千年历史地位之争[J].自然杂志，2013,35(01):22–29.

[72] 周柏晨.气候门事件丑闻[J].飞碟探索，2010(02):22–24.

[73] 周庆凡.世界能源及其分布状况[J].中国能源，2001(10):26–29.

[74] 朱琳.论低碳文化的传播价值、困境与策略[C]//.“中国西部环境治理中的公众参与机制与实现路径” 国际学术会议论文汇编.2015:74–80.

[75] 邹才能，赵群，张国生，熊波.能源革命:从化石能源到新能源[J].天然气工业，2016,36(01):1–10.